O LIVRO DOS CINCO ANÉIS

MIYAMOTO MUSASHI

O LIVRO DOS CINCO ANÉIS

O CLÁSSICO LIVRO JAPONÊS DE ESTRATÉGIA

ENCONTRE MAIS
LIVROS COMO ESTE

Copyright desta tradução © IBC - Instituto Brasileiro De Cultura, 2023

Título original: Go Rin No Sho
Reservados todos os direitos desta tradução e produção, pela lei 9.610 de 19.2.1998.

1ª Impressão 2025

Presidente: Paulo Roberto Houch
MTB 0083982/SP

Coordenação Editorial: Priscilla Sipans
Assistente de Redação: Camila Silva
Coordenação de Arte: Rubens Martim
Tradução e notas: Fábio Kataoka
Revisão: Valéria Paixão
Apoio de Revisão: Leonan Mariano

Vendas: Tel.: (11) 3393-7727 (comercial2@editoraonline.com.br)

Foi feito o depósito legal.
Impresso na China.

Dados Internacionais de Catalogação na Publicação (CIP)
de acordo com ISBD

M985l   Musashi, Miyamoto

          O livro dos cinco anéis / Miyamoto Musashi. - Barueri :
          Camelot Editora, 2024.
          112 p. ; 14cm x 21cm.

          ISBN: 978-65-6095-210-2

          1. Literatura japonesa. 2. Ciência militar. 3. Estratégia. I. Título.

2025-355   CDD 895.6
                                        CDU 821.521

Elaborado por Odilio Hilario Moreira Junior - CRB-8/9949

IBC — Instituto Brasileiro de Cultura LTDA
CNPJ 04.207.648/0001-94
Avenida Juruá, 762 — Alphaville Industrial
CEP. 06455-010 — Barueri/SP
www.editoraonline.com.br

SUMÁRIO

APRESENTAÇÃO 9

PRÓLOGO 21

O LIVRO DA TERRA 25

O LIVRO DA ÁGUA 44

O LIVRO DO FOGO 69

O LIVRO DO VENTO 93

O LIVRO DO VAZIO 109

GO RIN NO SHO

O famoso duelo entre o mestre da espada Miyamoto Musashi (esquerda) e Sasaki Kojiro (Ganryu) na ilha Ganryujima.

Miyamoto Musashi, durante o Período Edo.

APRESENTAÇÃO

O Livro dos Cinco Anéis aborda a arte da esgrima e a filosofia samurai, e é considerada uma das obras mais importantes sobre a estratégia militar e o pensamento estratégico.

Musashi escreveu o livro no final de sua vida, após ter sido consagrado como um dos maiores espadachins do Japão. No título, os "Cinco Anéis" referem-se aos cinco elementos que Musashi acreditava serem essenciais para se tornar um bom espadachim: a terra, a água, o fogo, o vento e o vazio. Cada um desses elementos representa uma virtude que deve ser cultivada para se alcançar a maestria na arte da esgrima.

Musashi acreditava que a esgrima era mais do que uma simples técnica de luta, era uma forma de arte. Para ele, a maestria na espada era uma busca constante pela perfeição e um caminho para a iluminação espiritual. Ele considerava a prática da esgrima como uma forma de autoaperfeiçoamento e um meio para alcançar a harmonia com o universo. Acreditava que a disciplina e a dedicação necessárias para dominar a técnica da espada também ajudavam a desenvolver a mente e o espírito. Para Musashi, a esgrima era uma forma de vida e uma jornada constante rumo à excelência. Além das técnicas de esgrima e estratégias de luta, o livro também oferece uma perspectiva sobre a vida e a morte, e como todos devem enfrentá-las com coragem e sabedoria.

Os ensinamentos de Musashi sobre estratégia e filosofia têm sido aplicados em muitas áreas, desde negócios, artes marciais, esportes de competição, passando pelas relações pessoais e familiares. A estratégia nos ensina a sermos flexíveis, adaptáveis e resilientes, e nos ajuda a alcançar nossos objetivos de forma eficiente. O livro tem a intenção de compartilhar esses ensinamentos com os leitores, de forma a ajudá-los a desenvolver sua própria virtude da estratégia e aplicá-la em suas vidas diárias. É uma obra atemporal que continua influenciando pessoas em todo o mundo.

A VIDA DO CÉLEBRE SAMURAI MIYAMOTO MUSASHI

Shinmen Musashi No Kami Fujiwara No Genshin ficou conhecido por Miyamoto Musashi. Shinmen seria um grupo de parentesco japonês que floresceu durante os séculos XV e XVI; Musashi é o nome de uma região a sudoeste de Tóquio; No Kami se refere a alguém de origem nobre; enquanto Fujiwara é o nome de uma das importantes famílias milenares nobres do Japão. Alguns historiadores acreditam que ele tenha nascido em 1584, em um lugarejo chamado Miyamoto (na atual Okayama, então Sakushu, a oeste de Kyoto), na província de Mimasaka.

Naquela época, no Japão, era muito comum que uma pessoa mudasse seu nome durante a vida; na sua infância, Musashi foi chamado de Shinmen Bennosuke; também foi conhecido por Shinmen Takezō, por Miyamoto Bennosuke, ou pelo nome budista Niten Dōraku.

Supõe-se que ele tenha recebido suas primeiras lições com a espada de seu próprio pai, Shinmen Hirata Munisai, um goushi[1].

Quando Musashi tinha sete anos, seu pai faleceu ou o abandonou. Como sua mãe havia morrido, Musashi foi deixado aos cuidados de um tio por parte de mãe, um sacerdote. Musashi foi criado como budista por seu tio, Dorinbo (ou Dorin), no templo Shoreian, perto de Hirafuku.

Desde muito jovem, Musashi se dedicou ao treinamento da arte da espada, e sua habilidade e dedicação foram tais que, aos treze anos de idade, ele venceu seu primeiro duelo. O oponente era Arima Kihei, um samurai da escola de artes militares Shinto Ryu, que lutou usando o estilo Kashima Shinto-ryu, fundado por Tsukahara Bokuden.

Miyamoto Musashi nasceu durante um período muito turbulento no Japão, quando ocorreram as últimas batalhas decisivas, na Era de Ouro Samurai. Entre 1467 e 1603, o Japão era um imenso campo de batalha.

Em 1600 ocorreu a Batalha de Sekigahara — popularmente conhecida como a "Divisão do Reino", definindo o destino do Japão pelos três séculos seguintes. Foi nesta batalha que Tokugawa Ieyasu ascendeu ao poder, assumindo as funções de Xogum[2] — era o início do Período Edo (1603-

---

1   Goushi era um pequeno fidalgo rural, algo entre um camponês e um samurai.
2   Xogum significa "Comandante do Exército". Era o título que recebiam os chefes militares, entre os séculos XII e XIX, no Japão.

1868). Musashi passou sua juventude durante esse caótico período Edo. Diz-se que, com dezesseis ou dezessete anos de idade, ele teria participado da batalha ao lado das forças de Ishida, pois afirma ter participado de seis batalhas na juventude. Apesar dos resultados negativos no campo de batalha, ele conseguiu sobreviver e escapar dos caçadores de recompensas da época.

Em 1604, aos vinte e um anos de idade, Musashi aparece em Kyoto e sua fama se espalha por todo o Japão depois de participar de três importantes duelos contra três membros da ilustre família Yoshioka, que foi responsável, anos antes, pela instrução da Casa do xogum Ashikaga[3]. Ele venceu os três duelos. Nos dois primeiros derrotou Yoshioka Seijūrō e Yoshioka Denshichirō. Depois de derrotar ambos, os seguidores de Yoshioka[4] viram Musashi não mais como um simples oponente, mas como uma ameaça real e viva. Eles marcaram um terceiro duelo contra Matashichiro, filho de Seijuro, um garoto de treze anos. Matashichiro contaria com a ajuda de todos os alunos e seguidores da Escola Yoshioka. Durante este duelo, Musashi lutou contra sessenta adversários ao mesmo tempo, todos eles armados com espadas, lanças, arcos e flechas e até mosquetes.

Em 1611, ele começou a praticar zazen[5] no Templo Myoshinji. Foi lá que conheceu Nagaoka Sado, vassalo do Senhor Hosokawa Tadaoki. Tadaoki, por sua vez, era um

---
3   Casa do xogum Ashikaga era uma espécie de escola oficial de espadachins.
4   Yoshioka é uma arte marcial de luta de espadas japonesa koryū.
5   Zazen é uma prática meditativa que tem origem no Budismo Zen.

Miyamoto Musashi em seu auge, empunhando dois bokken (bastões de madeira). Digitalização de pergaminho japonês antigo.

poderoso senhor que havia recebido o feudo do norte de Kyushu após a Batalha de Sekigahara.

No ano seguinte, em 1612, ele teve um duelo com Saski Moire, popularmente conhecido como "O Demônio das Províncias Ocidentais". No entanto, ele venceu o oponente usando um bokken[6], que ele fez de um remo. Nesse duelo ele manteve sua característica marcante — ele chegou atrasado—, o que gerou opiniões divergentes: alguns consideravam essa atitude desrespeitosa e desonrosa, enquanto outros acreditavam que era uma estratégia justa para desestabilizar o oponente.

Em 1614, ele mais uma vez participou da guerra entre os clãs Toyotomi e os Tokugawa, mas não se sabe por qual lado ele lutou.

Em 1615, Musashi serviu como supervisor de construção para Lord Ogasawara Tadanao da província de Harima. Ele ajudou a construir o Castelo Akashi. Ele também adotou um filho, Miyamoto Mikinosuke, para quem ensinou artes marciais durante sua estadia, especializando-se na arte de arremesso de espadas, ou shuriken.

Musashi continuou viajando por todo o Japão como Musha Shugyo[7]. Ele enfrentou muitos adversários, principalmente depois que sua fama se espalhou devido às vitórias contra os Yoshiokas.

---

6 Bokken é uma espada de madeira japonesa.
7 Musha shugyo é uma espécie de peregrinação que um guerreiro japonês deveria empreender no intuito de desenvolver suas habilidades, seu espírito e sua personalidade.

As inscrições nesta ilustração dizem que Miyamoto Musashi mata um peixe-tubarão (Yamazame) nas montanhas do outro lado da fronteira da província de Echizen (perto de Mino, província de Hida). Arte de Utagawa Kuniyoshi.

Em 1621, ele derrotou Miyake Gunbei e três outros adeptos do Togun ryu na frente do senhor de Himeji. Após vencer o duelo contra Miyake Gunbei, ele começou a planejar a cidade de Hemji.

Ele então escreveu um pergaminho de ensinamentos do Enmei-ryu chamado *Escritos sobre a Técnica da Espada do Enmei-ryu para sua escola*, que ele havia estabelecido. O principal objetivo da escola era dar treinamento usando duas espadas do samurai tão efetivamente quanto um par de espada e juta.

Em 1622, após a nomeação de seu filho adotivo como vassalo, ele iniciou uma nova jornada se mudando para Edo em 1623, onde se tornou amigo do estudioso confucionista Hayashi Razan.

Em Edo, ele se candidatou ao cargo de mestre de espadas para Xogum, mas foi rejeitado, pois já havia dois mestres de espada — Ono Jiroemon e Yagyu Munenori; este último era um conselheiro político do xogum e chefe da polícia secreta do Xogunato. Musashi deixou Edo e viajou para Yamagata.

Musashi adotou Mikinosuke Miyamoto, o terceiro filho de Shimanosuke Nakagawa (um vassalo da família Mizuno), e o deixou servir o senhor do Castelo Himeji, Tadatoki Honda. Mikinosuke cometeu suicídio como um samurai leal após a morte de Tadatoki em 1626. Logo depois disso, o irmão mais novo de Mikinosuke tornou-se o herdeiro da família Miyamoto, e no mesmo ano Musashi adotou Sadatsugu Miyamoto, o segundo filho de Hisamitsu Tabaru — um dos governadores fortes da Província de Harima; Sadatsugu chamava a si mesmo de Iori e, por ordem de Musashi, serviu ao senhor do Castelo Akashi-jo, Tadazane Ogasawara. Surpreendentemente, Iori se tornou um dos Karo (chefes de retentores) da família Ogasawara aos vinte anos de idade, em 1631.

Em 1633, ele foi convidado por Hosokawa Tadatoshi daimyo do Castelo de Kumamoto, que havia se mudado para o feudo de Kumamoto e Kokura, para treinar e pintar.

Ele desempenhou um papel importante na Rebelião Shimabara, que começou em 1637 pelo campesinato cristão na ilha ocidental de Kyushu. Esta foi sua sexta e última batalha onde assumiu o papel de estrategista, comandando as tropas.

Em 1640, ele se tornou o retentor dos senhores Hosokawa de Kumamoto. No ano seguinte, escreveu um trabalho chamado *Trinta e Cinco Instruções sobre Estratégia* para Hosokawa Tadatoshi. Foi esse trabalho que mais tarde formou a base para *Go Rin No Sho*.

Os japoneses chamam Musashi de "Kensei", que significa o "Santo da Espada". Nas palavras de Musashi o seu livro *Go Rin No Sho* é: "um guia para homens que querem aprender estratégia". É a última obra de Musashi, que mostra o caminho que ele percorreu. Em seu *O Livro dos Cinco Anéis* ele enfatiza que os guerreiros devem ser completos e ter uma compreensão de outras profissões, além da guerra. Ele relata que é possível aplicar a experiência adquirida em uma profissão para a execução bem-sucedida do trabalho em outros campos.

Em seus últimos anos, Musashi afirmou em seu livro *Go Rin no Sho* que: "Quando eu aplico o princípio da estratégia às formas de diferentes artes e ofícios, não preciso mais de

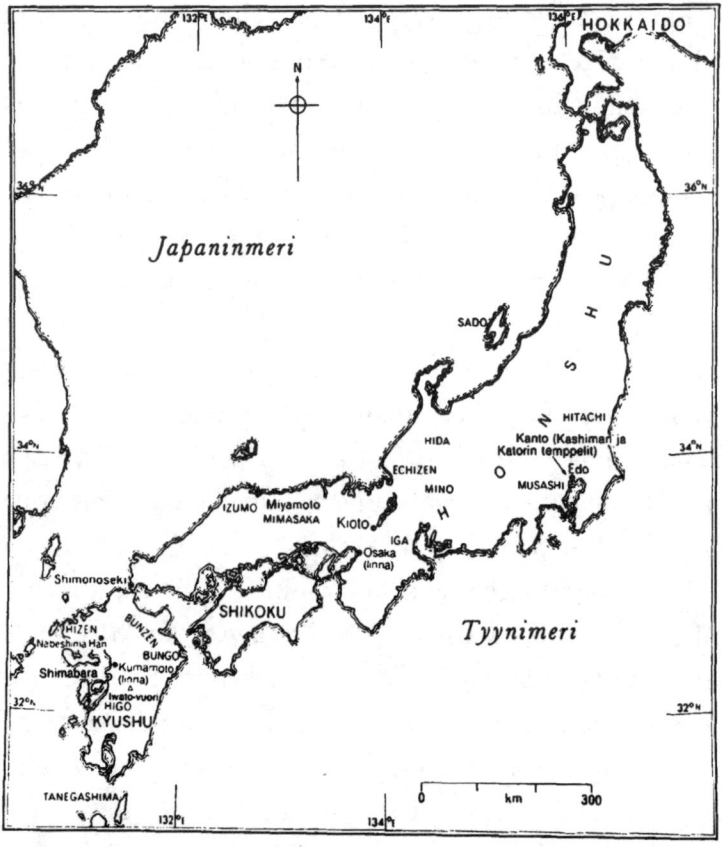

Mapa do Japão à época, retratando os lugares mencionados neste livro.

professor". Ele provou isso criando obras-primas reconhecidas pela sua caligrafia e pintura a tinta clássica. Suas pinturas são caracterizadas pelo uso habilidoso de lavagens de tinta e economia de pinceladas.

Em 1642, Musashi começou a sentir dores excruciantes, prenunciando sua futura doença. Em 1643 retirou-se para uma caverna chamada Reigandō, para escrever *Go Rin No Sho*. Ele terminou de escrever no segundo mês de 1645. Em 12 de maio, sentindo sua morte iminente, Musashi entregou uma cópia manuscrita do *Go Rin No Sho* ao irmão mais novo de seu discípulo mais próximo, Terão Magonojo.

Musashi morreu pacificamente depois de terminar o Dokkōdō ("A Via da Caminhada Solitária"), também conhecido como "Os vinte e um preceitos do caminho de vida do samurai", um conjunto de princípios éticos e morais cujos preceitos enfatizam a simplicidade, a autodisciplina e a honestidade, e são destinados a guiar o indivíduo na busca pela iluminação espiritual e pelo aprimoramento pessoal.

Ele morreu na caverna Reigandō por volta de 19 de maio de 1645 (outros dizem 13 de junho).

A obra *Hyoho senshi denki*[8] descreve sua passagem:

No momento de sua morte, ele se levantou. Ele tinha seu cinto apertado e sua wakizashi colocada nele. Sentou-se com um joelho levantado verticalmente, segurando a espada com a mão esquerda e uma bengala na mão direita. Ele

---

8 Hyoho senshi denki é uma obra clássica japonesa que narra a vida e as aventuras de Miyamoto Musashi. A obra foi escrita por seu discípulo, Iwamoto Jisuke, e concluída em 1719.

morreu nessa postura, aos sessenta e dois anos. Os principais vassalos do Senhor Hosokawa e os outros oficiais se reuniram e realizaram meticulosamente a cerimônia. Então eles montaram um túmulo no Monte Iwato por ordem do senhor.

Seu corpo foi enterrado em uma armadura na aldeia de Yuge, perto da estrada principal, próximo ao Monte Iwato. Nove anos depois, um monumento com um elogio fúnebre para Musashi, o Kokura hibun, foi erguido em Kokura por seu filho Miyamoto Iori.

Musashi foi retratado em muitos trabalhos de ficção e não-ficção, incluindo romances históricos, mangás, filmes, séries de TV, peças de teatro e até videogames. Portanto, é difícil separar fato de ficção ao discutir Musashi.

Até os dias de hoje, Miyamoto Musashi é considerado o maior espadachim da história do Japão, e sua lenda perdura. Musashi era especialista no estilo de luta de duas espadas, e, embora muitos detalhes sobre sua vida pessoal sejam contraditórios, podemos ter uma visão geral de suas aventuras através de *O Livro dos Cinco Anéis*.

PRÓLOGO

Eu tenho treinado por muitos anos no Caminho da Estratégia chamado Ni Ten Ichi Ryu, e agora, vou explicar isso por escrito pela primeira vez. Estamos na primeira dezena do décimo mês do vigésimo ano de Kanei (1644). Eu escalei o monte Iwato, na província de Higo, localizado na ilha Kyushu para prestar homenagem ao céu, rezar para Kwannon[9] e ajoelhar-me diante de Buda. Sou um guerreiro da província de Harima, chamado Shinmen Musashi No Kami Fujiwara No Genshin, e tenho sessenta anos.

Desde a juventude eu compreendi a verdadeira natureza do Caminho da Estratégia. Desde então, tenho treinado incansavelmente para aprimorar minhas habilidades e aprofundar meu conhecimento. No meu primeiro duelo quando eu tinha treze anos, derrubei um oponente da escola Xintoísta, Arima Kihei. Quando eu tinha dezesseis anos, derrubei um estrategista capaz, Tadashima Akiyama. Quando eu tinha vinte e um anos, enfrentei muitos adversários, sempre buscando a vitória sem jamais subestimar meu oponente, mas nunca deixei de vencer uma única vez em todos os meus combates.

Após esse período, viajei de uma província para outra desafiando estrategistas de diversas escolas e nunca perdi um duelo. Foram cerca de sessenta confrontos entre as idades de treze e vinte e oito ou vinte e nove anos.

---

9 Personificação da bondade.

Quando completei trinta anos, olhei para o meu passado e percebi que minhas vitórias anteriores não foram resultado do domínio da estratégia. Talvez fosse habilidade natural, a ordem do céu ou que a estratégia das outras escolas fosse inferior. A partir disso, comecei a estudar incansavelmente pela manhã e à noite, em busca do princípio e do verdadeiro Caminho da Estratégia. Somente aos cinquenta anos, eu o percebi.

Desde então tenho vivido sem seguir nenhum caminho em especial. Assim, com a virtude da estratégia pratico muitas artes e habilidades — e tudo sem professor.

Para escrever este livro, eu não me baseei nas leis de Buda ou nos ensinamentos de Confúcio, nem mesmo nas antigas crônicas de guerra, tampouco consultei livros sobre táticas marciais. Em vez disso, usei minha própria experiência e vivência para explicar o verdadeiro espírito da escola Ichi, que reflete o Caminho do céu e Kwannon. Já é madrugada do décimo mês, a hora do tigre.

Acessórios para espadas tsuba, fuchigashira e menuki feitos por Ishiguro Masayoshi Kozuka, século XIX, período Edo.

Um espadachim do início do período Edo.
Autorretrato de Miyamoto Musashi

CAPÍTULO 1
O LIVRO DA TERRA

A estratégia é o ofício do guerreiro. O comandante samurai deve treinar o ofício, e os soldados devem conhecer seu Caminho. Não há nenhum samurai no mundo de hoje que realmente entenda o Caminho da Estratégia.

Existem vários Caminhos. Existe o Caminho da Salvação pela lei de Buda, o Caminho de Confúcio governando o Caminho do Aprendizado, o Caminho da Cura como médico, como poeta ensinando o Caminho de Waka[10], da cerimônia do chá[11], do mestre arqueiro e muitas artes e habilidades. Cada homem pratica aquilo que a se sente inclinado.

Diz-se que o Caminho do Guerreiro é o Duplo Caminho das letras e da espada, e ele deve ter um gosto pelos dois caminhos. Mesmo que um homem não tenha habilidade natural, ele pode ser um guerreiro se seguir assiduamente a ambas as divisões do caminho. De um modo geral, o Caminho do Guerreiro é aceitação resoluta da morte[12]. Embora não apenas guerreiros, mas sacerdotes, mulheres, camponeses e pessoas de classe mais baixa às vezes morram decididos pela causa da obrigação, sem se humilharem, a situação deles é

---
10 Waka é o chamado: O poema de trinta e uma sílabas. A palavra significa "Canção do Japão".
11 O consumo de chá é estudado nas escolas, assim como a esgrima.
12 O Caminho do Guerreiro é a morte. Isso significa escolher a morte sempre que houver uma escolha entre a vida e a morte.

diferente. O guerreiro é diferente porque o estudo do Caminho da Estratégia se baseia na superação dos homens. Pela vitória obtida ao cruzar espadas com indivíduos, ou ordenando a batalha com grandes números, podemos alcançar poder e fama para nós mesmos e para nosso daimyo[13]. Tudo isso é concretizado pela virtude do Caminho da Estratégia.

O CAMINHO DA ESTRATÉGIA

Na China e no Japão, os praticantes do Caminho da Estratégia são conhecidos como "mestres da estratégia". Guerreiros devem aprender este caminho.

Recentemente, pessoas têm se destacado no mundo como estrategistas, mas geralmente são apenas esgrimistas. Os visitantes dos santuários Kashima Kantori[14] da província Hitachi receberam instruções dos deuses, e criaram escolas baseadas nesses ensinamentos, viajando de país em país instruindo homens. Esse é o significado recente de estratégia.

Antigamente a estratégia era listada entre as Dez Habilidades e as Sete Artes, e vista como prática benéfica. Era certamente uma arte, mas como prática benéfica não se limitava a esgrima. O verdadeiro valor da esgrima não pode ser visto dentro dos limites da técnica de esgrima.

---

13   Os daimyo eram os poderosos senhores feudais japoneses.
14   Kashima Kantori: escolas originais de Kendô que podem ser encontradas em santuários xintoístas.

Se limitarmos a isso, não seremos capazes de compreender o Caminho da Estratégia. O homem usa equipamento para vender seu próprio corpo. Como ocorre com a noz e a flor, a noz se tornou menos importante que a flor. Nesse tipo de Caminho da Estratégia, tanto os que ensinam como os que aprendem o Caminho estão preocupados em colorir e ostentar sua técnica, tentando apressar o desabrochar da flor. Eles falam de "Este Dojo" e "Aquele Dojo"[15]. Eles estão apenas procurando obter lucro. Alguém disse que "a estratégia imatura é a causa da dor", esse é um ditado verdadeiro.

São quatro os Caminhos pelos quais os homens podem percorrer a vida: agricultores, comerciantes, guerreiros e artesãos. No Caminho do Agricultor, usando instrumentos agrícolas, ele passa anos atarefado de olho nas mudanças de estação.

O segundo é o Caminho do Comerciante, ou dos negócios. O vinicultor obtém seus ingredientes e os usa para ganhar a vida. O Caminho do Comerciante é sempre viver pelo lucro.

Em terceiro lugar o guerreiro, carregando o armamento no seu Caminho. O Caminho do Guerreiro é dominar a virtude de suas armas. No entanto, aqueles que ignoram as qualidades dos seus instrumentos militares e desconhecem suas vantagens estão negligenciando os treinos diários e caindo no desleixo.

---

15   Dojo significa "Lugar do Caminho", é o local onde se treinam artes marciais japonesas. Muito mais do que uma simples área, o dojo deve ser respeitado como se fosse a casa dos praticantes.

Em quarto lugar, o Caminho do Artesão. No caso do carpinteiro é tornar-se proficiente no uso de suas ferramentas, primeiro para traçar seus planos com uma medida verdadeira e depois realizar seu trabalho tirando proveitos das técnicas que aprendeu.

Eis os quatro Caminhos: do Agricultor, do Comerciante, do Guerreiro e do Artesão.

COMPARANDO O CAMINHO DO CARPINTEIRO COM O DA ESTRATÉGIA

A comparação com a carpintaria é através da ligação com as casas. Casas da nobreza, dos guerreiros, as quatro casas, o estilo da casa, a Tradição da casa e o nome da casa. O carpinteiro usa um plano diretor, e o Caminho da Estratégia é semelhante, pois há um plano de campanha.

Como o carpinteiro capataz, o comandante deve conhecer as regras naturais, as regras do país e as regras das casas. Esse é o Caminho do Capataz.

O carpinteiro capataz deve conhecer a teoria arquitetônica de torres e templos, e os planos dos palácios, e deve empregar homens para erguer casas. O Caminho do Carpinteiro capataz é o mesmo que o Caminho do Comandante de uma casa do guerreiro.

Na construção das casas é feita a escolha das madeiras. É comum utilizar a madeira que tem a melhor aparência em áreas de destaque, como soleiras, vergas, portas e portas de correr. Por outro lado, mesmo que a madeira seja forte, se tiver muitos nós e for retorcida, ela pode ser usada discretamente em outras partes da construção. Já a madeira fraca ou com nós é geralmente destinada para ser usada como andaime e, posteriormente, para a produção de lenha.

O carpinteiro capataz distribui o trabalho de seus homens de acordo com sua habilidade. Os que têm menor habilidade cuidam de piso, outros são encarregados das portas de correr, soleiras, tetos e assim por diante. Os de menor habilidade ainda esculpem cunhas e fazem trabalhos variados. Se o capataz conhecer bem os homens sob seu comando e designá-los para tarefas compatíveis, se empregar as pessoas adequadamente, o trabalho será satisfatório.

O carpinteiro capataz deve levar em conta as habilidades e limitações de seus homens, circulando entre eles e não pedindo nada que não consigam fazer. Ele deve saber sua moral e espírito, e encorajá-los quando necessário. É o mesmo que o princípio da estratégia.

O CAMINHO DA ESTRATÉGIA

Como um soldado, o carpinteiro afia suas próprias ferramentas. Ele carrega seu equipamento em sua caixa de ferramentas, e trabalha sob a direção de seu carpinteiro capataz. Faz colunas e vigas com um machado, dá forma a tábuas de chão e prateleiras, corta finos rebaixos e esculturas com precisão, dando um acabamento tão excelente quanto sua habilidade permitir. Esse é o ofício dos carpinteiros.

Quando o carpinteiro se torna habilidoso e entende as medidas, ele pode se tornar um capataz.

A conquista do carpinteiro é, tendo ferramentas que cortam bem, fazer pequenos santuários[16], estantes, mesas, lanternas de papel, tábuas de cortar e tampas de panelas. Essas são as especialidades do carpinteiro. As coisas são semelhantes para o soldado. Você deveria refletir profundamente sobre isso.

O foco do carpinteiro é que o seu trabalho não fique torto, que suas articulações não estejam desalinhadas e que o trabalho seja realmente planejado de forma que se desenvolva bem e não fique inacabado. Isso é essencial.

Se você deseja aprender esse caminho, reflita profundamente sobre o que está escrito neste livro, um fragmento por vez. Deve fazer a pesquisa suficiente.

SOBRE O CAMINHO DA ESTRATÉGIA EM CINCO LIVROS

O Caminho da Estratégia será dividido em cinco livros[17] sobre diferentes aspectos. Estes são: Terra, Água, Fogo, Vento (tradição) e Vazio[18].

---

16 Pequenos santuários para os deuses xintoístas são encontrados em todos os lares japoneses.
17 A filosofia dos cinco elementos no budismo japonês é derivada de crenças budistas que compõem o Cosmos: solo, água, fogo, vento, vazio. O "Go Rin" (Cinco Anéis) do Budismo são as cinco partes do corpo humano: cabeça, cotovelo esquerdo e direito e joelhos esquerdo e direito.
18 O vazio, ou nada, é um termo budista para a natureza ilusória das coisas mundanas.

Farei uma síntese da estratégia do ponto de vista da minha escola Ichi no Livro Terra. É difícil realizar o verdadeiro Caminho apenas através da esgrima. Devemos conhecer as coisas menores e as coisas maiores, as coisas mais superficiais e as coisas mais profundas.

Como se parece com uma estrada reta traçada no chão, o primeiro livro é chamado de Livro da Terra.

O segundo é o Livro Água. Com a água como base, o espírito se torna como a água. A água adota a forma de seu recipiente, às vezes é um fio e às vezes um mar selvagem. A água tem uma cor azul-clara. Os princípios da escola Ichi são mostrados nesse livro com clareza.

Se você dominar os princípios da esgrima, quando você derrotar livremente um homem, você vencerá qualquer homem no mundo. O espírito de derrotar um homem é o mesmo para dez milhões de homens.

O estrategista transforma pequenas coisas em grandes coisas, como construir um grande Buda a partir de um modelo de trinta centímetros. Eu não posso escrever em detalhes como isso é feito. O princípio da estratégia é, tendo-se uma coisa, conhecem-se dez mil coisas. E as coisas da escola Ichi estão escritas no Livro da Água.

O terceiro é o livro Fogo. Este livro é sobre luta. O espírito do fogo é feroz. Seja ele pequeno ou grande, o mesmo acontece com as batalhas. O Caminho das batalhas é o mesmo para lutas de homem a homem quanto em batalhas com dez mil de cada lado. Você precisa aceitar que esse espírito pode se tornar grande ou pequeno. O que é grande é fácil de perceber: o que é pequeno é difícil de perceber. Em suma, é difícil para um grande número de homens mudar de posição, então seus movimentos podem ser facilmente previstos. Um indivíduo pode facilmente mudar de ideia, então seus movimentos são difíceis de prever. O livro Fogo descreve a importância do treinamento constante e da tomada de decisões rápidas na estratégia. É fundamental que o treinamento seja visto como parte da vida normal, com um comprometimento inabalável. Somente assim é possível alcançar o sucesso em batalha. A essência desse livro é apreciar e compreender que a estratégia é uma habilidade que requer prática e dedicação constante. Devemos refletir bem sobre isso.

Em quarto lugar está o livro Vento. Este livro não está relacionado com minha escola Ichi, mas com outras escolas de estratégia. Por Vento quero dizer tradições antigas, tradições atuais e tradições familiares de estratégia. Explico claramente as estratégias do mundo. Isso é tradição. É difícil conhecer a si mesmo se você não conhece os outros. Para todos os caminhos há vias secundárias. Se você estuda um caminho diariamente e seu espírito diverge, você pode pensar que está obedecendo a um bom caminho, mas objetivamente não é o verdadeiro caminho. Se você está seguindo o verdadeiro caminho e diverge um pouco, isso mais tarde se tornará uma grande divergência. Você deve compreender isso. Muitas outras estratégias são vistas como meras técnicas de combate com espadas, e não é irracional que isso aconteça. No entanto, o valor da minha estratégia, embora envolva a esgrima, está baseado em um princípio distinto. Expliquei, portanto, o que se entende por estratégia nas outras escolas no Livro do Vento.

Em quinto lugar, o livro do Vazio. Por Vazio quero dizer aquilo que não tem começo nem fim. Atingir esse princípio significa não atingir o princípio. O Caminho da Estratégia é o caminho da natureza. Quando você aprecia o poder da natureza, conhecendo o ritmo de qualquer situação, será capaz de acertar e golpear o inimigo naturalmente. Tudo isso é o Caminho do Vazio. No Livro do Vazio, pretendo mostrar como seguir o Caminho verdadeiro segundo a Natureza.

O NOME ICHI RYU NI TO
UMA ESCOLA—DUAS ESPADAS

Guerreiros, tanto comandantes como soldados, carregam duas espadas[19] em seu cinto. Em tempos antigos eram chamados a espada longa e a espada curta; hoje em dia são conhecidas como a espada e a espada companheira. Na nossa terra, é tradição que um guerreiro sempre carregue duas

---

19   O samurai usava duas espadas posicionadas no cinto com os gumes para cima, no lado esquerdo. A espada mais curta, ou companheira, era carregada o tempo todo, e a espada mais longa era usada apenas fora de casa. O samurai carregava duas espadas, mas às outras classes eram permitidas apenas uma espada para proteção contra bandidos.

espadas em seu cinto, independentemente do motivo. Isso é o que define o Caminho do Guerreiro.

"Nito Ichi Ryu" mostra o benefício de usar as duas espadas. A lança e a alabarda[20] são armas que são transportadas ao ar livre. Na escola Ichi do Caminho da Estratégia, os alunos devem ser treinados desde o início com uma espada curta e outra longa em cada mão. Isso se baseia na premissa de que, ao sacrificar sua vida, é preciso utilizar plenamente todas as suas armas. Não é correto deixar de agir assim, assim como não é correto morrer com uma arma ainda não empunhada.

Se você segura uma espada com as duas mãos, é difícil empunhá-la livremente para a esquerda e para a direita, então meu método é carregar a espada em uma só mão. Isso não se aplica a armas grandes como a lança ou alabarda, mas espadas e espadas companheiras podem ser manejadas com apenas uma mão. É difícil segurar uma espada com as duas mãos quando se está a cavalo, quando estiver em estradas irregulares, em terreno pantanoso, campos de arroz lamacentos, terreno pedregoso ou em meio a agrupamentos de pessoas. Segurar a espada longa com as duas mãos não é o verdadeiro caminho, pois se você carregar um arco ou lança ou outras armas em sua mão esquerda, terá apenas uma mão livre para a espada longa. No entanto, quando é difícil derrubar um inimigo com uma mão, você deve usar

---

20   A lança é usada para cortar e empurrar, não é arremessada. A alabarda e as armas semelhantes com longas lâminas curvas eram eficazes contra a cavalaria e passaram a ser usadas por mulheres que precisavam defender suas casas na ausência de homens.

as duas mãos. A habilidade de empunhar uma espada em uma mão não é uma tarefa difícil. A melhor forma de aprender isso é através do treinamento com duas espadas longas, uma em cada mão. No início, pode parecer difícil, mas é comum enfrentar desafios no começo de qualquer aprendizado. Aprender a usar o arco e flecha, por exemplo, é difícil, assim como manusear a alabarda. No entanto, à medida que você se acostuma com o arco, sua força e precisão aumentam. Quando você se acostuma a empunhar a espada longa, você ganha o poder do Caminho e se torna habilidoso em manejá-la.

Como eu explico no segundo livro, o Livro Água, não há atalho no aprendizado do manejo da espada longa. A espada longa deve ser manejada com movimentos largos; a espada curta, com movimentos rentes ao corpo.

De acordo com a escola Ichi, você pode vencer com uma arma longa, e também com uma arma curta. Em suma, o caminho da escola Ichi é o espírito de vencer, qualquer que seja a arma e qualquer que seja o seu tamanho.

É melhor usar duas espadas em vez de uma quando você está lutando contra um grupo de pessoas e especialmente se você quiser fazer um prisioneiro.

Essas coisas não podem ser completamente explicadas em detalhes. De uma coisa, pode-se aprender mil coisas. Quando você alcançar o Caminho da Estratégia, não haverá nada que não possa ver. Para atingir esse estado, é necessário estudar diligentemente e se esforçar ao máximo.

O BENEFÍCIO DOS DOIS CARACTERES QUE SIGNIFICAM "ESTRATÉGIA"

Os mestres da espada longa são chamados de estrategistas. Quanto às outras artes militares, aqueles que dominam o arco são chamados arqueiros, aqueles que dominam a lança são chamados lanceiros, aqueles que dominam a arma[21] são chamados de atiradores, aqueles que dominam a alabarda são chamados alabardeiros. Mas não chamamos mestres do caminho da espada longa "espadachins da espada longa", nem falamos "espadachins da espada companheira". Porque arcos, armas, lanças e alabardas são todos equipamentos de guerreiros e certamente fazem parte da estratégia. Dominar a virtude da espada longa, por outro lado, é dirigir ao mundo e a si mesmo, portanto, a espada longa é a base da estratégia. O princípio é a "estratégia por meio da espada longa". Se atingir a virtude da espada longa, um homem pode vencer dez homens. Assim como um homem pode vencer dez, então cem homens podem derrotar mil, e mil homens podem derrotar dez mil. Na minha estratégia, um homem é igual a dez mil, então, essa estratégia é o ofício completo do guerreiro.

O Caminho do Guerreiro não inclui outros caminhos, como o confucionismo, o budismo, certas tradições, realizações artísticas e dança. Estes não são parte do Caminho,

---

21 A arma japonesa era o matchlock, a forma em que foi introduzida pela primeira vez no país pelos missionários. O matchlock permaneceu até o século XIX.

se você conhece o caminho amplamente, você o verá em tudo. Os homens devem polir seu caminho particular.

O BENEFÍCIO DAS ARMAS NA ESTRATÉGIA

Há um tempo e um lugar para o uso de armas. O melhor uso da espada companheira é em um espaço confinado, ou quando você está engajado próximo a um oponente. A espada longa pode ser usada eficazmente em todas as situações.

A lança é considerada superior à alabarda no campo de batalha. Com a lança, você pode tomar a iniciativa, enquanto a alabarda é mais defensiva. Em um confronto entre dois guerreiros com habilidades iguais, a lança sempre terá a vantagem. Embora ambas tenham seus usos, nenhuma delas é particularmente útil em espaços confinados, e elas não são ideais para capturar inimigos. Elas são armas essencialmente projetadas para uso em campo aberto.

De qualquer maneira, se você aprender técnicas de "recinto fechado", pensará de forma limitada e esquecerá o verdadeiro caminho. Assim, você terá dificuldades em combates reais.

No início da batalha, especialmente em campos abertos, o arco é uma arma taticamente forte, pois pode-se disparar rapidamente entre as linhas de lanceiros. No entanto, é inadequado em situações de cerco ou quando o inimigo está a mais de quarenta metros de distância. É por isso que atualmente há poucas escolas tradicionais de arquearia em atividade. Há pouca utilidade para essa habilidade.

De dentro das fortificações, a arma de fogo não tem rival entre as armas. É a arma suprema no campo de batalha antes do choque de homem contra homem, porém, depois que se cruzam espadas, essas armas se tornam inúteis.

Uma das virtudes do arco é que você pode ver as flechas em voo e corrigir seu objetivo de acordo, enquanto as balas da arma de fogo não podem ser vistas. Você deve apreciar a importância disso.

As armas, assim como os cavalos, devem ser resistentes e sem defeitos. Os cavalos precisam ter força e as espadas companheiras devem ter um corte forte. Lanças e alabardas devem ser duráveis para suportar o uso pesado e os arcos e armas devem ser resistentes. As armas não devem ser decorativas, mas sim funcionais. Tornar-se excessivamente familiarizado com uma arma é tão errado quanto não a conhecer suficientemente bem. É importante usar armas que você possa manusear corretamente. Preferências pessoais de armas podem ser prejudiciais tanto para comandantes quanto para tropas. Essas são coisas que devem ser aprendidas e compreendidas em sua totalidade.

A PERCEPÇÃO DO TEMPO NA ESTRATÉGIA

O tempo é uma variável fundamental na estratégia e não pode ser dominado sem muita prática. Ele também é crucial na dança, na música de flauta ou cordas, pois a performance depende do ritmo e do tempo. Da mesma forma, o tempo e o ritmo são cruciais nas artes militares, como tiro com arco, manejo de armas e equitação. Em todas as habilidades e conhecimentos, o tempo desempenha um papel importante e deve ser levado em consideração.

Há também tempo no Vazio.

Em todas as áreas da vida, há momentos de sucesso e fracasso, de harmonia e conflito, e é importante reconhecer esses momentos. No caminho do mercador, por exemplo, há momentos de crescimento e queda de capital. Na estratégia, o tempo é crucial. É necessário discernir entre o tempo adequado e inapropriado, bem como entre os tempos rápidos e lentos, e identificar o tempo relevante em cada situação. Isso inclui entender a distância e o tempo de fundo, que é essencial para uma estratégia bem-sucedida. Se você não entende o tempo de fundo, sua estratégia pode se tornar incerta e falha.

Você ganha batalhas com a sincronia do Vazio, nascida da sincronia da astúcia por conhecer o tempo dos inimigos, e assim usando um tempo que o inimigo não espera.

Todos os cinco livros estão principalmente preocupados com a sincronia do tempo. Você deve treinar o suficiente para apreciar tudo isso.

Se você praticar a estratégia da escola Ichi dia e noite, seu espírito naturalmente se expandirá. É assim que as estratégias para batalhas em grande escala e para combates corpo a corpo se espalham pelo mundo. Isso está registrado pela primeira vez nos cinco livros da Terra, Água, Fogo, Vento e Vazio. Este é o caminho para os homens que querem aprender a minha estratégia:

- Não pense desonestamente.
- O Caminho está no treinamento.
- Familiarize-se com cada arte.
- Conheça os Caminhos de todas as profissões.
- Saiba distinguir entre ganho e perda em assuntos mundanos.
- Desenvolva julgamento intuitivo e compreensão de tudo.
- Perceba aquelas coisas que não podem ser vistas.
- Preste atenção até mesmo às ninharias.
- Não faça nada que não seja útil.

O Caminho da Estratégia exige um comprometimento sério e constante treinamento para alcançar a maestria. É essencial compreender os princípios de forma ampla e estabelecê-los profundamente em seu coração. Se você aprender e atingir essa estratégia, nunca perderá nem para vinte ou trinta inimigos. Mais do que tudo, para começar, você deve colocar seu coração na estratégia e fielmente ater-se ao caminho. Você será capaz de realmente vencer homens em lutas e também capaz de vencer com os olhos. Com o treino, você também será capaz de controlar livremente seu próprio corpo, derrotar os homens com seu corpo, e com treinamento suficiente você poderá vencer dez homens com seu espírito. Quando chegar a esse ponto, isso significará que você será invencível.

Além disso, na estratégia de grande escala, é importante que o líder saiba gerenciar habilmente muitos subordinados, manter a disciplina, governar o país e promover o bem-estar do povo. Se existe um caminho, envolvendo o espírito, rumo à invencibilidade, para auxiliar a si mesmo e se tornar honrado, este é o caminho da estratégia.

O segundo ano de Shoho (1645), quinto mês, décimo segundo dia.

Teruo Magonojo[22].

SHINMEN MUSASHI

Quais dos conceitos assimilados neste capítulo você consegue aplicar em suas batalhas do dia a dia? Anote-os aqui.

_____
_____
_____
_____
_____

---

22 Teruo Magonojo: Foi considerado o aluno favorito de Miyamoto Musashi, a quem Musashi confiou seu Go Rin No Sho antes de sua morte.

A entrada para Reigendo, a caverna onde Musashi viveu sozinho nos últimos dois anos de sua vida, e onde escreveu O Livro dos Cinco Anéis. A inscrição na estaca de madeira diz: "A sepultura do professor Miyamoto Musashi".

CAPÍTULO 2
O LIVRO DA ÁGUA

O espírito da escola de estratégia *Ni Ten Ichi* é baseado na água, e este Livro da Água explica os métodos de vitória na forma da espada longa da escola Ichi. A linguagem não consegue explicar o caminho em detalhes, mas eles podem ser aprendidos intuitivamente. Estude este livro, leia uma palavra e reflita sobre ela. Se você interpretar o significado vagamente, você confundirá o caminho.

Os princípios da estratégia são escritos aqui em termos de combate individual, mas você deve pensar amplamente para que alcance um entendimento para batalhas de dez mil homens de cada lado.

A estratégia é diferente das outras coisas, pois, se você confundir o caminho, um pouco que seja, você ficará confuso e cairá em maus caminhos.

Se você apenas ler este livro, não alcançará o Caminho da Estratégia. Absorva o que está escrito neste livro. Não se limite a ler, memorizar ou imitar, para penetrar no princípio e gravá-lo em seu coração, estude bastante.

SUPORTE ESPIRITUAL NA ESTRATÉGIA

Na estratégia, sua orientação espiritual não deve ser diferente do normal. Tanto na luta quanto na vida cotidiana, você deve ser determinado, embora calmo. Enfrente a situação sem tensão, mas não de forma imprudente, com o espírito calmo, mas não preconcebido. Mesmo quando seu espírito está calmo não deixe seu corpo relaxar, e quando seu corpo estiver relaxado não deixe seu espírito afrouxar. Não deixe seu espírito ser influenciado por seu corpo, ou seu corpo influenciado por seu espírito. Mantenha um equilíbrio em seu espírito, não sendo excessivamente espirituoso ou insuficientemente espirituoso. Um espírito excessivamente elevado pode tornar-se fraco, assim como um espírito excessivamente baixo. Não permita que o seu inimigo veja o seu espírito, mantenha-o escondido e impenetrável.

As pessoas pequenas devem estar completamente familiarizadas com o espírito das pessoas grandes, e as pessoas grandes devem estar familiarizadas com o espírito das pessoas pequenas. Seja qual for o seu tamanho, não seja enganado pelas reações de seu próprio corpo. Com seu espírito aberto e irrestrito, olhe para coisas de um ponto de vista elevado. Você deve cultivar sua sabedoria e espírito. Polir sua sabedoria: aprender a justiça pública, distinguir entre o bem e o mal, estudar os Caminhos das artes diferentes uma a uma. Quando você não puder ser enganado pelos homens, você terá percebido a sabedoria da estratégia. A sabedoria da estratégia é diferente de outras coisas. No campo de batalha, mesmo quando você é pressionado, você deve pesquisar incessantemente os princípios da estratégia para que você possa desenvolver um espírito firme.

POSTURA DO CORPO NA ESTRATÉGIA

Adote uma postura com a cabeça erguida, nem curvada, nem olhando para cima, nem virada para qualquer um dos lados. Sua testa e o espaço entre os olhos não devem ficar franzidos. Mantenha o olhar fixo e concentrado, sem revirar os olhos ou piscar excessivamente. Com as feições compostas, mantenha a linha do nariz reta com a sensação de dilatar ligeiramente as narinas. Mantenha a linha da nuca reta e transmita vigor à implantação dos cabelos, bem como aos ombros e ao restante do corpo, desde os joelhos até as pontas dos dedos dos pés. Contraia o abdômen para evitar dobrar os quadris. Certifique-se de que seu cinto esteja firme ao prender a espada companheira contra o abdômen, isso se chama "encaixar". É importante manter a postura de combate em todas as situações da vida, transformando a postura diária em postura de combate. Esse aspecto deve ser estudado cuidadosamente para ser aplicado com sucesso em todas as formas de estratégia.

O OLHAR NA ESTRATÉGIA

O olhar deve ser profundo e amplo. Este é o duplo olhar "Percepção e Visão". A percepção é forte e a visão fraca.

Na estratégia, é fundamental ter a habilidade de enxergar as coisas distantes como se estivessem próximas e de ter uma perspectiva ampla das coisas que estão próximas. É crucial conhecer a espada do inimigo na estratégia para não se distrair com movimentos insignificantes. Portanto, é necessário estudar e treinar o olhar tanto para o combate individual quanto para o combate em grande escala. Essa capacidade de visão e análise clara é o que faz a diferença entre a vitória e a derrota em uma batalha.

É necessário, na estratégia, poder olhar para os dois lados sem mover os globos oculares. Você não pode dominar esta habilidade rapidamente. Aprenda o que está escrito aqui: use este olhar na vida cotidiana e não o modifique, aconteça o que acontecer.

SEGURANDO A ESPADA LONGA

Segure a espada longa entre os dedos polegar e indicador, de modo que ela produza uma sensação flutuante, com o dedo médio nem muito apertado nem muito folgado, e com os dois últimos dedos bem firmes. Não é adequado que haja folga nas mãos.

Quando empunhar uma espada, é importante sentir a intenção de derrotar o inimigo. Durante o combate, o aperto da espada não deve mudar e as mãos não devem tremer. Ao desviar, afastar ou forçar a espada do inimigo, é preciso ajustar ligeiramente a pressão exercida pelo polegar e indicador. É crucial manter uma determinação firme em abater o inimigo, refletida na forma como se segura a espada.

O aperto para combate e para teste de espada[23] é o mesmo. Não existe tal coisa como "aperto de luta".

---

23   As espadas devem ser testadas por profissionais especializados. O teste de espada recebe o nome de Tameshigiri e normalmente envolve o corte de bambus e rolos de tatames feitos de palha. No passado, as lâminas recém-forjadas podiam ser provadas cortando os corpos de criminosos condenados.

Geralmente, eu não gosto de rigidez tanto nas espadas quanto nas mãos. Rigidez significa uma mão morta. A flexibilidade é uma mão viva. Você deve ter isso em mente.

MOVIMENTO DOS PÉS

Com as pontas dos dedos dos pés um pouco flutuando, pise firmemente com os calcanhares. Se você se mover rápido ou devagar, com passos grandes ou pequenos, seus pés deverão ter sempre a sensação do andar normal. Não gosto dos três métodos de caminhada chamados "pé saltador", "pé flutuante" e "pé fixo". O chamado "pé Yin-Yang" é importante no meu caminho. "Pé Yin-Yang" significa nunca movimentar apenas um pé, mas sim os pés da esquerda para a direita e da direita para a esquerda ao golpear, recuar ou desviar um ataque. Você não deve mover um pé preferencialmente.

AS CINCO POSTURAS

As cinco posturas são: superior, média, inferior, direita e esquerda. Embora a postura tenha essas cinco divisões, o único propósito de todas elas é abater a inimigo. Não há nada além dessas cinco posturas.

Qualquer que seja a postura que você tenha assumido, não tome consciência dela; pense apenas em golpear.

Sua postura deve ser grande ou pequena de acordo com a situação. As posturas superior, inferior e média são decisivas. As posturas esquerda e direita são fluidas. As posturas esquerda e direita devem ser usadas quando há uma obstrução na altura do local ou de um dos dois lados. A decisão de adotar a postura esquerda ou direita depende do lugar do combate.

A essência do caminho é essa. Para entender a postura, você deve compreender a postura média. A postura média é o coração das posturas. Se olharmos na estratégia em larga escala, a postura média é a sede do comandante, com as outras quatro posturas seguindo o comandante. Você deve estudar isso muito bem.

O CAMINHO DA ESPADA LONGA

Conhecer o Caminho da espada longa significa que podemos empunhar com dois dedos a espada que costumamos levar. Se conhecermos bem o caminho da espada, podemos empunhá-la facilmente.

Se você tentar empunhar a espada longa rapidamente, você errará o caminho. Para empunhar a espada longa adequadamente, você deve empunhá-la com calma. Se você tentar manejá-la rapidamente, como um leque dobrável ou uma espada curta, você cometerá um erro ao qual chamo de "golpe da espada curta". Você não pode abater um homem com uma espada longa usando esse método.

Quando você golpear para baixo com a espada longa, levante-a para cima, quando tiver golpeado para um dos lados, traga a espada de volta em uma trajetória lateral. A espada tem que voltar sempre de maneira racional, sempre esticando amplamente os cotovelos. Empunhe a espada com força. Este é o caminho da espada longa.

Se você aprender a usar as cinco abordagens da minha estratégia, será capaz de manejar bem uma espada. Você deve treinar isso constantemente.

AS CINCO ABORDAGENS

1- A primeira abordagem é a postura média. Enfrente o inimigo com a ponta da sua espada contra o rosto dele. Ou, quando o inimigo atacar, desvie a ponta da espada dele, golpeando-a de cima para baixo; mantenha sua espada longa onde está, e enquanto o inimigo renova o ataque, corte seus braços de baixo para cima. Esse é o primeiro método.

As cinco abordagens são assim. Você deve treinar repetidamente usando uma espada longa para aprendê-los. Quando você dominar meu caminho da espada longa, você será capaz de controlar qualquer ataque que o inimigo fizer. Eu lhe asseguro que não há outras posturas além das cinco posturas da espada longa de Ni To.

2- Na segunda abordagem com a espada longa, partindo da postura superior, golpeie o inimigo assim que ele atacar. Se o inimigo escapar do golpe, mantenha sua espada onde está e, começando de baixo para cima, corte-o enquanto ele renovar o ataque. É possível repetir o golpe a partir disso.

Neste método há várias mudanças no tempo e no espírito. Você será capaz de entender melhor isso treinando na escola Ichi. Você sempre vai ganhar com os cinco métodos da espada longa. Você deve treinar repetidamente.

3- Na terceira abordagem, adote a postura inferior, antecipando o movimento de concha de baixo para cima. Quando o inimigo atacar, acerte suas mãos por baixo. Ao fazer isso, ele pode tentar acertar sua espada para baixo. Se este for o caso, golpeie a região superior de seus braços horizontalmente. Isso significa que a partir das posturas inferiores, você atinge o inimigo no instante que ele atacar.

Você encontrará esse método com frequência, tanto como iniciante quanto em estratégias futuras. Você deve praticar a maneira de segurar a espada longa.

4- Nesta quarta abordagem, adote a postura da esquerda. Enquanto o inimigo ataca, acerte suas mãos de baixo para cima. Se quando você bater nas mãos dele, ele tentar derrubar sua espada, sinta a impressão firme de estar atingindo as mãos dele, parta decidido a golpear as mãos dele e bloqueie a trajetória da espada longa do inimigo, lançando um golpe cruzado partindo de uma posição mais elevada que seus ombros.

Este é o caminho da espada longa. Através desse método você ganha impedindo a linha de ataque do inimigo. Você deve estudar isso.

5- Na quinta abordagem, a espada está numa postura de direita. De acordo com o ataque do inimigo, cruze sua espada longa partindo de baixo e de um dos lados e chegando a uma postura superior. Então corte direto de cima para baixo.

Esse método é essencial para conhecer bem o caminho da espada longa. Se você dominar este método, você pode empunhar livremente uma espada longa e pesada.

Não é possível descrever minuciosamente como utilizar essas cinco abordagens. É necessário que você esteja bem familiarizado com o meu caminho "em harmonia com a espada longa", entenda o tempo em grande escala, conheça a espada longa do inimigo e se habitue às cinco abordagens desde o início. Usando esses cinco métodos, com várias considerações de tempo para discernir o espírito do inimigo, você sempre sairá vitorioso. Por isso, é preciso considerar tudo isso com cuidado.

O ENSINAMENTO "POSTURA SEM POSTURA"

"Postura sem Postura" significa que não há necessidade do que se costuma chamar de postura da espada longa. Mesmo assim, as posturas existem como as cinco maneiras de empunhar a espada longa. No entanto, seja qual for o seu modo de segurar a espada, ele deve ser de tal maneira que seja fácil golpear bem o inimigo, de acordo com a situação, o lugar e sua relação com o adversário. Partindo de uma postura superior, à medida que seu espírito diminui, você pode adotar a postura média, pode levantar um pouco a espada em sua técnica e adotar uma postura superior.

Da postura inferior você pode levantar um pouco a espada e adotar as postura médias como a ocasião exige. Dependendo da situação, se você girar a espada do lado esquerdo ou do lado direito para o centro, o resultado será a adoção da postura média ou inferior.

O princípio disso é chamado de "Postura Existente — Postura Inexistente".

A principal coisa quando você pega uma espada em suas mãos é sua intenção de golpear o inimigo, seja qual for o meio. Sempre que você aparar, acertar, saltar, atacar ou tocar o adversário com uma espada, você deve cortá-lo no mesmo movimento. É essencial conseguir isso.

Se você pensar apenas em bater, saltar, golpear ou tocar o inimigo, você não terá condições de atingi-lo de verdade. Mais do que tudo, você deve estar pensando em levar seu movimento até cortá-lo. Você deve estudar bastante isso.

Postura na estratégia em maior escala é chamada de "Formação de Batalha". Tais postura são todas para vencer batalhas. A formação fixa é ruim. Estude bem isso.

PARA ACERTAR O INIMIGO "EM UM SÓ TEMPO"

"Em um só tempo" significa, quando você se aproximar do inimigo, acertá-lo o mais rápido e diretamente quanto possível, sem mover seu corpo ou acalmar seu espírito, enquanto você vê que ele ainda está indeciso. O momento de bater antes que o adversário decida se retirar, quebrar ou bater, é este "em um só tempo".

Você deve treinar para atingir esse tempo, para poder acertar no tempo de um instante.

A "SINCRONIZAÇÃO DUPLA DO ABDÔMEN"

Para aplicar a técnica da "Sincronização Dupla do Abdômen", quando você ataca e o inimigo recua rapidamente, observe se ele fica tenso e reage rapidamente. Se ele estiver tenso, finja um golpe para fazê-lo relaxar. Quando ele relaxar, siga em frente e ataque-o. Essa técnica requer muita prática e habilidade para ser executada adequadamente, e pode ser difícil aprender apenas lendo sobre ela. Portanto, é importante receber instruções e treinamento adequados para dominá-la.

SEM MENTE, SEM PENSAMENTO [24]

Este método consiste em atacar o inimigo quando ele ataca, usando seu corpo e espírito para acertar com força e rapidez, sem hesitação. Esse movimento é conhecido como

---

[24] Sem mente, sem pensamento: "Munen Muso", significa a capacidade de agir com calma e naturalidade mesmo diante de perigo. É o mais alto acordo com a existência, quando a palavra de um homem e suas ações são espontaneamente as mesmas.

"Sem mente, sem pensamento", onde você desfere um golpe vindo do Vazio com suas mãos. Dominar essa técnica requer muita prática e dedicação para alcançar a perfeição.

Esse é o método mais importante de todos. É frequentemente usado. Você deve treinar duro para entende isso.

O GOLPE DA ÁGUA CORRENTE

O "Golpe de Água Corrente" é usado quando você está lutando lâmina a lâmina com o inimigo. Quando ele interromper o ataque e se retirar rapidamente, tentando saltar com sua espada longa, expanda seu corpo e espírito e corte-o o mais lentamente possível com sua espada longa, seguindo seu corpo como a água corrente. Aprendendo isso, você poderá golpear com certeza. É importante discernir o nível do inimigo.

GOLPE CONTÍNUO

Quando você e o inimigo atacarem simultaneamente e suas espadas se encontrarem, aproveite a oportunidade para golpear a cabeça, as mãos e as pernas dele em um único movimento com a sua espada longa. Isso é conhecido como o "Golpe Contínuo", uma técnica que deve ser praticada com frequência, já que é útil em muitas situações. Com dedicação e prática, você será capaz de dominá-la.

O GOLPE DO FOGO E DAS PEDRAS

O ataque conhecido como "Golpe de Fogo e das Pedras" consiste em, ao colidir sua espada longa com a do adversário, desferir um golpe forte sem elevar demais a espada. Para realizar esse golpe, é necessário utilizar todo o corpo, incluindo as mãos, o corpo e as pernas, de maneira rápida e violenta. Com treinamento suficiente, é possível desenvolver a habilidade de atacar com grande força.

O GOLPE DAS FOLHAS VERMELHAS

O "Golpe das Folhas Vermelhas" é uma técnica que visa derrubar a espada longa do inimigo ao chão. Para executá-la com eficácia, é necessário ter o controle espiritual sobre a própria espada. Quando o adversário assume uma postura de espada longa com a intenção de atacar, é possível contra-atacá-lo com um golpe violento, como o "Golpe de Fogo e das Pedras", ou com uma mentalidade de "Sem Desejo, Sem Pensamento". Ao colocar a ponta da espada do inimigo para baixo, como se quisesse fincá-la no chão, ele inevitavelmente deixará a espada cair. Com treinamento repetitivo, essa técnica torna-se eficiente para fazer o adversário largar a espada.

O CORPO NO LUGAR DA ESPADA LONGA

Há, também, a técnica da "espada longa no lugar do corpo". Geralmente, movemos o corpo e a espada ao mesmo tempo para golpear o inimigo. Porém, em concordância com o método de ataque do inimigo, você pode avançar em sua direção primeiro com o corpo, e então golpeá-lo com a espada longa. Se o corpo do inimigo estiver imóvel, você pode atacar primeiro com a espada, mas geralmente, atingi-lo primeiro com o corpo e só então golpeá-lo com a espada, o que é mais eficaz. Você deve estudar bem essa técnica e praticar o golpe.

GOLPEAR E TALHAR

Golpear (ou cortar) e talhar são coisas diferentes. O golpe, seja qual for a forma de corte, é decisivo, com espírito resoluto. O talho nada mais é do que tocar o inimigo. Mesmo que você talhe fortemente, e mesmo que o inimigo morra instantaneamente, você ainda assim estará talhando. Quando você corta, seu espírito é resolvido. Você deve entender isso. Se primeiro cortar as mãos ou pernas do inimigo, você deve então talhar com força. Cortar é, em espírito, o mesmo que tocar. Quando você percebe isso, eles tornam-se indistinguíveis. Aprenda bem esse detalhe.

CORPO DO MACACO CHINÊS

O Corpo do Macaco Chinês[25] é o espírito de não esticar os braços. O espírito correto é o de fechar a guarda rapidamente, sem estender os braços, antes que o inimigo o golpeie. Se você tem a intenção de não esticar os braços, você atingirá o máximo de eficácia, e o espírito se fechará com o corpo inteiro. Quando você está ao alcance do braço do inimigo, fica fácil invadir seu perímetro. Você deve entender isso muito bem.

CORPO DE EMULSÃO DE COLA E LACA

"Corpo de Emulsão de Cola e Laca" é uma técnica de aderência ao inimigo, sem permitir que ele se separe de você. Quando se aproximar do inimigo, mantenha a postura firme com a cabeça, o corpo e as pernas. Muitas pessoas tendem a avançar a cabeça e as pernas rapidamente, mas o corpo fica para trás, criando uma lacuna entre você e o inimigo. Para executar essa técnica com eficiência, é fundamental manter-se firme e unido ao corpo do adversário, evitando qualquer espaço vazio entre os corpos. É importante considerar isso com cuidado e praticar bastante para dominar essa técnica de defesa.

---

25   Um macaco chinês aqui significa um macaco de braços curtos.

LUTAR PELA ALTURA

"Lutar pela Altura" significa atacar o inimigo de cima para baixo, visando obter uma vantagem estratégica ao assumir uma posição superior. Para isso, é necessário manter uma postura com a coluna reta e esticar as pernas e os quadris para alcançar a altura ideal. Ao atacar de cima para baixo, a força do golpe é amplificada, tornando-o mais eficaz. No entanto, é importante lembrar que essa técnica requer treinamento e prática para ser executada com sucesso.

APLICAR ADERÊNCIA

Quando o inimigo atacar e você também atacar com a espada longa, perceba a sensação de grudar, fixando sua espada longa contra a do inimigo enquanto você recebe seu corte. O objetivo da aderência não é bater com muita força, mas bater para que as espadas longas não se separem facilmente. É melhor se aproximar o mais calmamente possível ao atingir a espada longa do inimigo com esse objetivo de aderir. A diferença entre "aderência" e "emaranhamento" é que a aderência é firme e o emaranhamento é fraco. Você deve entender isso.

GOLPE CORPORAL

O Golpe Corporal é uma técnica de aproximação ao inimigo através de uma brecha em sua defesa. O objetivo é atacá-lo com o corpo, impulsionado pelo espírito combativo. Para executá-lo, é preciso virar um pouco o rosto e acertar o peito do inimigo com o ombro esquerdo empurrado para fora. Aproxime-se com a intenção de repelir o inimigo, atacando com toda a força possível e sincronizando a respiração. Se treinar bem essa técnica, será possível derrubar o inimigo a uma distância de três a seis metros e até mesmo matá-lo. Dedique-se ao treino para dominar essa habilidade.

TRÊS MANEIRAS DE EVITAR UM ATAQUE

Existem três métodos para evitar um ataque:

O primeiro é lançando sua própria espada em direção ao olho direito do adversário como se fosse atacar seus olhos quando ele atacar. A segunda é empurrar a espada longa do inimigo em direção ao seu olho direito como se estivesse atacando o pescoço dele. A terceira é, se você estiver com uma "espada longa" curta, avançar rapidamente em direção ao inimigo e atacar seu rosto com a mão esquerda, sem se preocupar com o bloqueio da espada dele. É importante lembrar que você também pode apertar a mão esquerda e empurrar o rosto do inimigo com o punho. Para dominar essas técnicas, é necessário treinar bastante.

APUNHALAR O ROSTO

Apunhalar o rosto significa que, ao enfrentar um inimigo, seu espírito está focado em esfaquear seu rosto, seguindo a linha das lâminas com a ponta de sua espada longa. Ao pretender esfaquear o rosto do inimigo, você poderá deixá-lo vulnerável, tanto em seu rosto quanto em seu corpo.

Quando o inimigo se torna vulnerável, várias oportunidades para vencer surgem. É importante concentrar-se nisso. Quando o corpo do inimigo estiver exposto, como se pudesse ser montado, você poderá vencê-lo rapidamente, então, não se esqueça de apunhalar seu rosto. Através de treinamento, você deve perseguir o valor dessa técnica.

APUNHALAR O CORAÇÃO

Apunhalar o coração significa que, se houver obstruções acima ou nas laterais e for difícil realizar um corte, você deve atacar o inimigo diretamente. Através da ponta da sua espada longa, atinja o peito do inimigo, mantendo a lâmina reta e o espírito concentrado em desviar a espada do inimigo. Esse princípio é especialmente útil quando estamos cansados ou nossa espada não consegue cortar por algum motivo. É importante entender a aplicação dessa técnica através do treinamento adequado.

REPREENDER "TUT-TUT!"

"Repreender" significa que, quando o inimigo tenta contra-atacar enquanto você ataca, você contra-ataca novamente de baixo para cima como se arremetesse contra ele, tentando segurá-lo. Com um tempo muito rápido você golpeia, repreendendo o inimigo. Empurre para cima, "TUT!", e golpeie "TUT!" Esta sincronização aparecerá repetidas vezes na troca de golpes. A maneira de repreender TUT-TUT é cronometrar o corte simultaneamente ao levantar sua espada longa como se fosse empurrar o inimigo. Você deve aprender isso através da prática repetitiva.

O OBSTÁCULO DO GOLPE

"O obstáculo do Golpe" se refere ao momento em que você está combatendo com o seu inimigo e a espada dele está atacando num ritmo tee-dum, tee-dum, batendo na sua espada e cortando-a. Nesse momento, a defesa não consiste em apenas bloquear ou tentar bater com força, mas sim em utilizar o choque das espadas para atacar o inimigo. Se você souber o momento certo de bater, mesmo que o choque das espadas seja forte, a ponta da sua espada não será empurrada para trás. É necessário treinar bastante para conseguir perceber esse momento e utilizar a técnica corretamente.

EXISTEM MUITOS INIMIGOS

"Existem muitos inimigos"[26] se aplica quando você está lutando um contra muitos adversários. Saque tanto a espada

---

26 Musashi defende que o uso de duas espadas é para quando há muitos inimigos, mas as pessoas praticam um estilo de esgrima com uma espada em cada mão para ter vantagem na esgrima. Musashi usou as palavras "duas espadas", quando quis dizer usar todos os recursos em combate. Ele nunca usou duas espadas contra um espadachim habilidoso.

longa quanto a espada companheira e assuma uma postura bem aberta para a esquerda e para a direita. O objetivo é perseguir os inimigos de um lado para o outro, mesmo que eles venham de todas as quatro direções. Observe sua ordem de ataque e vá ao encontro primeiro daqueles que atacam primeiro. Gire os olhos amplamente, examinando cuidadosamente a ordem de ataque, e golpeie para a esquerda e direita alternadamente com suas espadas. Esperar é ruim. Sempre reassuma rapidamente sua postura para ambos os lados, golpeie os inimigos enquanto eles avançam, esmagando-os na direção que eles atacam. Faça o que fizer, você deve conduzir o inimigo junto, como se estivesse amarrando uma linha de peixes, e quando estiverem amontoados, golpeie-os fortemente sem dar a eles espaço para se moverem.

A VANTAGEM AO CHEGAR AOS GOLPES

O domínio da estratégia com a espada longa não pode ser adquirido apenas através da leitura de textos ou instruções, mas sim por meio de prática e treinamento diligente. Pratique muito para desenvolver a habilidade de vencer.

Tradição oral:[27] "O verdadeiro Caminho da Estratégia é revelado na espada longa."

---

27   Outras escolas de Kendô também têm tradições orais em oposição aos ensinamentos transmitidos na técnica formal.

UM GOLPE

O espírito de "um golpe" significa que você deve se concentrar em derrotar seu oponente com um único golpe decisivo. Para alcançar esse objetivo, é essencial dominar a estratégia da espada longa por meio de treinamento diligente. Quando você treina com afinco, a estratégia se tornará parte do seu coração e você será capaz de vencer com facilidade. Portanto, dedique-se ao treinamento para alcançar a habilidade necessária para vencer com um único golpe decisivo.

COMUNICAÇÃO DIRETA

O espírito da "Comunicação Direta" é como o verdadeiro Caminho da escola Ni To Ichi é recebido e transmitido.
Tradição oral: "Ensine a estratégia ao seu corpo."
Registrei no livro que aqui se acaba a abordagem da escola de esgrima Ichi.
Para alcançar a vitória na arte da espada longa, seguindo os princípios da estratégia, é necessário começar aprendendo as cinco abordagens e as cinco atitudes. Através da prática, você deve absorver o caminho da espada longa naturalmente em seu corpo, compreendendo o espírito e o tempo, manejando a espada longa com naturalidade e movendo seu corpo e pernas em harmonia com seu espírito. Seja enfrentando um ou dois inimigos, você entenderá o valor da estratégia. Estude o conteúdo deste livro, um item de cada vez,

e, lutando com seus oponentes, você gradualmente compreenderá os princípios do caminho.

Com um espírito paciente, absorva a virtude de tudo isso, de tempos em tempos, levantando a mão em combate. Mantenha este espírito sempre que cruzar espadas com um inimigo.

Passo a passo, é possível atravessar uma estrada de mil quilômetros. Estude a estratégia ao longo dos anos e alcance o espírito do guerreiro. Cada vitória sobre si mesmo é uma conquista, e cada vitória sobre adversários menos habilidosos o levará ao próximo nível. Para vencer adversários mais habilidosos, treine de acordo com os ensinamentos deste livro, sem permitir que seu coração se desvie do caminho. Lembre-se de que, mesmo que você derrote um inimigo, se sua vitória não estiver baseada no que você aprendeu, ela não é uma verdadeira vitória no caminho. Se você alcançar o caminho da vitória, será capaz de enfrentar vários adversários com habilidade. E, para obter habilidade na luta com espadas, você deve ganhá-la em batalhas e duelos.

O Segundo ano de Shoho, o décimo segundo dia do quinto mês (1645).

Teruo Magonojo
SHINMEN MUSASHI

Quais dos conceitos assimilados neste capítulo você consegue aplicar em suas batalhas do dia a dia? Anote-os aqui.

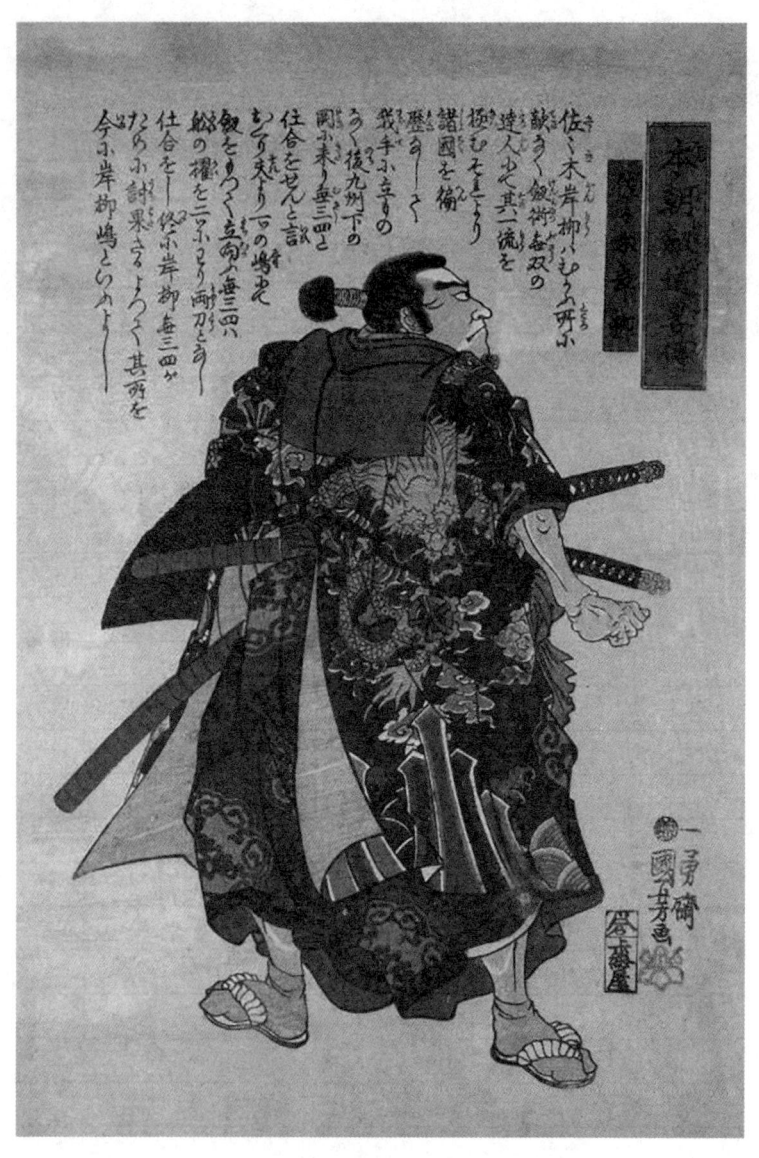

Sasaki Kojiro, também conhecido como Ganryu, o oponente contra quem Musashi construiria seu legado. Xilogravura de meados do século XIX, exposta no Museu Britânico de Londres.

CAPÍTULO 3
O LIVRO DO FOGO

Neste Livro do Fogo da escola de estratégia Ni To Ichi eu descrevo a luta como se fosse fogo. No entanto, muitas pessoas têm uma visão limitada sobre os benefícios da estratégia. Ao usar apenas as pontas dos dedos, eles só conhecem o benefício de três dos cinco centímetros do pulso. Ao competir, muitas vezes se limitam a estender seus antebraços, como em uma competição com leque dobrável. Elas se concentram em aspectos menos importantes, como o movimento das mãos e dos pés, treinando com espadas de bambu.

Na minha estratégia, o treinamento para matar inimigos é por meio de muitas lutas; lutas pela sobrevivência, descobrindo o sentido da vida e da morte, aprendendo o caminho da espada, julgando a força dos ataques e compreendendo o caminho da "lâmina e do sulco" da espada.

Você não pode lucrar com pequenas técnicas, especialmente quando uma armadura completa[28] é usada. Meu Caminho da Estratégia é o método seguro para vencer ao lutar por sua vida contra cinco ou dez homens. Não há nada de errado com o princípio "um homem pode vencer dez, então mil homens podem vencer dez mil". Você deve estudar isso. Claro que você não pode reunir mil ou dez mil homens para

---

28 Colete à prova de balas, elmo, máscara, peças de coxa, manoplas e peças de perna.

o treinamento diário. Mas você pode se tornar um mestre da estratégia treinando sozinho com uma espada, para que você possa entender as estratégias do inimigo, sua força e recursos, e apreciar como aplicar a estratégia para vencer dez mil inimigos.

Ao dominar a essência da minha estratégia é necessário estudar diligentemente e treinar incessantemente, do nascer ao pôr do sol. Através desse processo, sua habilidade será refinada, e você alcançará uma capacidade extraordinária, transcendendo o ego. Somente assim, seu poder se tornará milagroso, o que é o resultado prático da estratégia.

DEPENDENDO DO LUGAR

Observe o ambiente.

Mantenha-se sempre na direção do sol, mantendo-o atrás de você, caso a situação permita. Se isso não for possível, tente manter o sol à sua direita. Em ambientes fechados, posicione-se com a entrada atrás ou à sua direita. Certifique-se de que sua retaguarda esteja desobstruída e que haja espaço livre à sua esquerda, enquanto mantém uma postura de espada adequada em seu lado direito. Durante a noite, se o inimigo puder ser visto, mantenha o fogo atrás de você e a entrada à sua direita, e adote a mesma postura acima mencionada. É essencial que você esteja em uma posição mais elevada do que a do seu oponente para obter uma vantagem. Por exemplo, o Kamiza[29] de uma casa é considerado um lugar alto.

Ao chegar o momento da batalha, é importante esforçar-se para perseguir o inimigo à sua esquerda. Tente mantê-lo em lugares desconfortáveis e de costas para lugares incômodos. Quando o inimigo estiver em uma posição inconveniente, não permita que ele olhe ao redor, persiga-o de forma cuidadosa e deixe-o sem ação. Em ambientes fechados, persiga o inimigo em soleiras, vergas, portas, varandas, pilares e outros elementos da estrutura, novamente evitando que ele avalie a situação.

Sempre persiga o inimigo em pontos que ele não encontre um bom apoio para os pés, obstáculos ao lado e assim por diante, usando as virtudes do lugar para estabelecer posições predominantes para lutar. Você deve pesquisar e treinar diligentemente nisso.

OS TRÊS MÉTODOS PARA SURPREENDER O INIMIGO

O primeiro método consiste em tomar a iniciativa num embate após a manifestação do oponente. Isso é chamado

---

29 Kamiza significa "lugar do espírito". É o principal lugar das casas tradicionais japonesas. Kami é um termo que descreve as várias divindades do xintoísmo, religião nativa do Japão. Logo, é onde residem o Kami, um pequeno templo que costumava ser um lugar de reverência, pureza e respeito. Nas casas, representa a veneração e o respeito pelos antepassados.

de *Ken No Sen* (encurralar). Outro método é o da interceptação do ataque do inimigo, isso se chama *Tai No Sen* (aguardar para tomar a iniciativa).

O outro método é quando você e o inimigo atacam juntos. Isso se chama *Tai Tai No Sen* (que significa acompanhar o inimigo e antecipar-se a ele).

Não existem outros métodos para assumir a liderança além desses três porque a capacidade de assumir rapidamente a liderança é uma das coisas mais importantes na estratégia. Existem muitos fatores envolvidos na tomada da liderança. Você deve avaliar a situação com precisão e perceber o espírito do inimigo, de modo que possa compreender a estratégia dele e derrotá-lo. No entanto, é impossível explicar isso adequadamente por escrito.

O PRIMEIRO — KEN NO SEN

Quando você decidir atacar, mantenha a calma e golpeie rapidamente, surpreendendo o inimigo. Ou você pode avançar aparentemente com força, mas com um espírito reservado, surpreendendo-o com a reserva.

Uma outra estratégia é avançar em direção ao inimigo com um espírito determinado e, quando estiver próximo o suficiente, movimentar os pés um pouco mais rapidamente do que o normal, pegando-o desprevenido e atacando-o com força. Ou, alternativamente, atacar com um espírito calmo e imperturbável, como se estivesse esmagando lentamente o inimigo. O verdadeiro segredo está em vencer na profundidade do espírito do inimigo.

Tudo isso é *Ken No Sen*.

O SEGUNDO — TAI NO SEN

Quando o inimigo atacar, permaneça imperturbável, mas finja fraqueza. À medida que o inimigo alcançar você, afaste-se de repente, indicando que você pretende pular para o lado, então ataque fortemente assim que você perceber que o inimigo relaxou. Ou, à medida que o inimigo ataca, ataque com mais força, aproveitando a desordem que ele demonstra na vontade de vencer.

Este é o princípio do *Tai No Sen*.

O TERCEIRO — TAI TAI NO SEN

Quando o inimigo faz um ataque rápido, você deve atacar forte e calmamente, apontar para o seu ponto fraco quando ele se aproxima, e derrotá-lo fortemente. Ou, se o inimigo atacar com calma, você deve observar seus movimentos e, com o corpo solto, flutuante, entrar no mesmo ritmo à medida que ele se aproxima. Aja com rapidez e golpeie com força.

Este é *Tai Tai No Sen*

Os métodos para surpreender o inimigo não podem ser facilmente expressos em palavras. É necessário estudar cuidadosamente o que está escrito aqui. Em relação às três formas de surpreender o inimigo, é preciso avaliar a situação. Isso não significa que você deve atacar sempre primeiro, mas se o inimigo o atacar primeiro, você pode guiá-lo. Na estratégia, a vitória é alcançada antecipando as ações do inimigo, então, é necessário treinar arduamente para alcançar esse objetivo.

MANTER A CABEÇA NA ALMOFADA

"Manter a cabeça na almofada"[30] significa não permitir que a cabeça do inimigo levante. Em disputas de estratégia é ruim ser conduzido pelo inimigo. Você deve ser sempre capaz de conduzir o inimigo. Obviamente, o inimigo também estará pensando em fazer isso, mas ele não pode impedi-lo se você não permitir que ele dê o primeiro passo. Na estratégia, você deve parar o inimigo enquanto ele tenta golpear; empurrar para baixo seu impulso, e se livrar dele quando ele tentar agarrar. Este é o significado de "manter a cabeça na almofada". Quando você entender esse princípio, seja lá o que inimigo tente fazer na luta, você avançará e irá suprimi-lo. O espírito correto é o de interromper o ataque

---

30 Os samurais e as senhoras japonesas dormiam com a cabeça em uma pequena almofada de madeira para acomodar seu penteado.

dele em "a...", interromper a **in**vestida dele na sílaba "in..." e interromper o **gol**pe dele na sílaba "go...".

Uma parte importante da estratégia é impedir as ações eficazes do inimigo e permitir que ele gaste seus esforços em ações inúteis. No entanto, essa abordagem sozinha é defensiva. Em primeiro lugar, você deve seguir o caminho, neutralizando as técnicas do inimigo, frustrando seus planos e, assim, controlando-o diretamente. Quando você dominar essa habilidade, será um mestre da estratégia. Para alcançar esse nível, é necessário treinar diligentemente e estudar o conceito "manter a cabeça na almofada".

ATRAVESSANDO UMA LAGOA

"Atravessar uma lagoa" significa, por exemplo, cruzar o oceano em um estreito, ou atravessar centenas de quilômetros de mar num local propício à travessia. Acredito que essa "travessia em uma lagoa" ocorra muitas vezes na vida de um homem. Significa zarpar mesmo que seus amigos permaneçam no porto, conhecendo a rota, conhecendo a solidez do seu navio e as condições do dia. Quando todas as condições são atendidas, e talvez haja um vento favorável, ou um vento de cauda, então zarpe. Se o vento mudar faltando alguns quilômetros para alcançar o destino, esteja preparado para remar o quanto for preciso sem as velas.

Caso você tenha esse espírito, ele pode ser aplicado à vida cotidiana. É importante sempre pensar em como atravessar uma lagoa, pois na estratégia, "atravessar uma lagoa" é fundamental. É preciso discernir a capacidade do inimigo e, conhecendo os próprios pontos fortes, atravessar a lagoa pelo ponto mais vantajoso, como um bom capitão traça uma rota marítima. Se for possível atravessar no melhor local, você pode ficar em uma posição confortável. Atravessar a lagoa significa atacar o ponto fraco do inimigo e posicionar-se em uma posição vantajosa, e é assim que se vence na estratégia em grande escala. O espírito de atravessar uma lagoa é necessário tanto na estratégia em grande escala quanto na pequena escala, e é preciso estudá-lo com cuidado.

CONHECER O MOMENTO

"Conhecer o momento" é uma habilidade crucial na estratégia, que envolve entender a disposição do inimigo na batalha. É preciso observar o estado de espírito dos homens do inimigo, bem como a fase em que se encontram, se estão em crescimento ou declínio. Com essa informação, você pode determinar a disposição real do inimigo e posicionar seus próprios homens em uma posição vantajosa.

Em um duelo, é essencial surpreender o inimigo e atacá-lo assim que possível, reconhecendo sua escola de estratégia, qualidade e pontos fortes e fracos. Ataque de forma inesperada, compreendendo sua métrica e sua cadência, e utilizando a sincronia adequada.

Conhecer o momento significa ver as coisas diretamente, especialmente se sua habilidade for alta. Se você for completamente familiarizado com a estratégia, poderá reconhecer as intenções do inimigo e aproveitar muitas oportunidades para vencer. Estude isso com afinco.

PISAR NA ESPADA

"Pisar na espada" é um princípio frequentemente usado em estratégia. Em grande escala, quando o inimigo dispara flechas e atira, torna-se difícil para nós atacarmos enquanto carregamos nossas armas ou cravamos nossas flechas. O objetivo é atacar rapidamente enquanto o inimigo ainda está atirando. O espírito é vencer "pisando" no inimigo quando ele ataca.

No combate individual, não podemos esperar obter uma vitória cortando a espada longa do inimigo depois que ele já desferiu o ataque. Devemos derrotá-lo no início de seu ataque, no espírito de pisoteá-lo para que ele não possa atacar novamente.

"Pisotear" não significa apenas usar os pés, mas também o corpo e o espírito, golpeando com a espada longa. É importante atacar o inimigo e impedi-lo de atacar uma segunda vez, mantendo-o sob controle. Este é o espírito da surpresa em seu significado mais amplo. Não se trata apenas de abater o inimigo, mas também de agarrá-lo mesmo após o ataque. É essencial estudar isso profundamente.

CONHECER O "COLAPSO"

Tudo pode entrar em colapso. Casas, corpos e inimigos entram em colapso quando seu ritmo se torna perturbado.

Na estratégia para batalhas em grande escala, é importante perseguir o inimigo sem perder a oportunidade quando ele começa a colapsar. Caso isso não aconteça, é possível que eles se recuperem.

Em combate individual, o inimigo às vezes se torna descuidado e entra em colapso. Não deixe essa oportunidade passar, pois o inimigo pode se recuperar e não ser mais negligente depois disso. Mantenha seus olhos no inimigo e persiga-o, atacando-o implacavelmente. Isso é essencial. O ataque de perseguição requer um espírito forte e determinado. Você deve atacar o inimigo com toda sua força para impedi-lo de se recuperar. É importante saber como acabar completamente com o inimigo.

TORNAR-SE O INIMIGO

"Tornar-se o inimigo" significa ver-se na posição do inimigo. No mundo, as pessoas tendem a pensar em um ladrão preso em uma casa como um inimigo fortificado. No entanto, se nos "tornarmos o inimigo", sentiremos que o mundo inteiro está contra nós e que não há nenhuma escapatória. Aquele que está fechado por dentro é um faisão. Quem entra para prender é um falcão. Você deve pensar sobre isso.

Na estratégia para batalhas de grande escala, as pessoas sempre têm a impressão de que o inimigo é forte e, portanto, tendem a se tornar cautelosos. Porém, se você tem bons soldados, conhece os princípios da estratégia e sabe como derrotar os inimigos, não há motivo para se preocupar.

No combate individual você também deve se colocar na posição do inimigo. Se você pensa: "Aqui está um mestre do Caminho, que conhece os princípios da estratégia", então, você certamente perderá. Você deve considerar isso profundamente.

PARA SOLTAR QUATRO MÃOS

"Para soltar quatro mãos"[31] é uma técnica usada quando você e o inimigo estão lutando com o mesmo espírito, e a questão não pode ser decidida. Abandone este espírito e vença através de uma alternativa.

Na estratégia de larga escala, quando há um espírito de "quatro mãos", não desista – é a existência do homem. Largue esse espírito imediatamente e vença com uma técnica que o inimigo não espera.

---

31 Para soltar quatro mãos: "Yotsu te o hanasu"— a expressão "Yotsu te" significa a condição de agarrar com os dois braços engajados nos braços do oponente, ou "impasse". É também o nome usado para descrever vários artigos com quatro cantos unidos, como uma rede de pesca, e foi dado a um artigo de vestuário feminino que consistia em um quadrado de pano amarrado pelas costas sobre cada ombro e sob cada braço, com um nó no peito.

Também em combate individual, quando pensamos que caímos na situação de "quatro mãos", devemos derrotar o inimigo mudando nossa mente e aplicando uma técnica adequada conforme sua condição. Você deve ser capaz de julgar isso.

MOVIMENTAR A SOMBRA

A técnica conhecida como "Movimentar a Sombra" é empregada quando não se consegue discernir o espírito do inimigo. Na estratégia em grande escala, caso não se consiga ver a posição do adversário, é recomendável simular um ataque feroz para descobrir seus recursos, tornando mais fácil vencê-lo com um método diferente. Já no combate individual, se o inimigo adotar uma posição traseira ou lateral à espada longa, tornando difícil perceber sua intenção, pode-se fingir um ataque, fazendo-o mostrar sua espada e revelar seu espírito. Dessa forma, poderá aproveitar a oportunidade e vencer com mais tranquilidade. No entanto, é preciso ter cuidado para não perder a sincronia e a noção de tempo. É importante estudar bem essa técnica.

DETER A SOMBRA

"Deter a sombra" é um método usado quando você pode ver o espírito de ataque do inimigo. Na estratégia para batalhas de larga escala, quando o inimigo embarca em um ataque, se você fizer uma demonstração de suprimir fortemente sua técnica, ele mudará de ideia. Então, alterando seu espírito, derrote-o prevenindo-o com um espírito do Vazio.

Ou, em combate individual, reaja à intenção forte do inimigo por meio de uma sincronia adequada e derrote-o surpreendendo-o com essa mesma simetria. Você deve estudar isso muito bem.

CONTAGIAR

Diz-se que muitas coisas são contagiosas. A sonolência, o bocejo e o tempo podem ser contagiosos. Na estratégia de larga escala, quando o inimigo está agitado e mostra uma inclinação para a pressa, não se importe nem um pouco. Demonstre calma total, e o inimigo será tomado por isso e ficará relaxado. Quando você vê que este espírito foi transmitido, você poderá causar a derrota do inimigo atacando fortemente com um espírito do Vazio.

Em combate individual, você pode vencer relaxando seu corpo e espírito e, em seguida, no momento em que o inimigo relaxar, você pode atacá-lo com força e rapidez, surpreendendo-o. O que é conhecido como "embriagar alguém" é uma técnica semelhante. Você também pode contagiar o inimigo com um espírito entediado, descuidado ou fraco. Você deve estudar muito bem isso.

PROVOCAR A PERDA DE EQUILÍBRIO

A perda de equilíbrio pode ser causada por vários fatores, como perigo, dificuldade ou surpresa, e é importante estar atento a isso.

Na estratégia de grande escala, é crucial causar a perda de equilíbrio do inimigo. Ataque quando ele menos espera e, enquanto estiver indeciso, aproveite a oportunidade para vencê-lo.

Em um combate individual, comece devagar e, de repente, ataque com força. Não dê espaço para que ele respire e se recupere do choque inicial, aproveitando a chance para vencer. É importante sentir isso.

ASSUSTAR

Frequentemente ocorre o susto, causado pelo inesperado. Na estratégia para batalhas em grande escala, você pode assustar o inimigo não pelo que você apresenta diante dos olhos dele, mas gritando, fazendo uma pequena força parecer grande, ou ameaçando-os do flanco sem aviso. Todas essas coisas assustam. Você pode vencer fazendo melhor uso do ritmo assustado do inimigo.

No combate individual, também, você deve usar a vantagem de surpreender o inimigo desprevenido, assustando-o com seu corpo, espada longa ou voz, para derrotá-lo. Você deve estudar isso bem.

ABSORVER

Quando você entra em conflito e luta junto ao inimigo, e percebe que não pode avançar, você "absorve" e torna-se indistinto dele. Com a aplicação adequada dessa técnica, a vitória se torna possível mesmo nessas circunstâncias desafiadoras. Tanto em batalhas que envolvem muitas pessoas quanto em combates mais restritos, quem sabe como se "absorver" no inimigo geralmente tem uma vantagem decisiva, pois se afastar, apenas, diminuirá as chances de vitória. É essencial estudar bem essa técnica.

ATACAR OS FLANCOS

É difícil mover coisas fortes empurrando diretamente, então você deve "atacar os flancos". Na estratégia de grande escala, é benéfico atacar os flancos da força inimiga. Se os flancos forem derrubados, o espírito de todo o corpo será derrubado. Para derrotar o inimigo você deve seguir com o ataque quando os flancos caíram.

Em combate individual, é fácil vencer quando o inimigo desmorona. Isso acontece quando você fere os "flancos" do corpo dele, e isso o enfraquece. Dedique tempo e esforço ao estudo desse aspecto fundamental da estratégia de combate.

LANÇAR CONFUSÃO

Isso significa fazer o inimigo perder a determinação. Na estratégia para batalhas de larga escala, podemos usar nossas tropas para confundir o inimigo em campo. Observando o espírito do inimigo, podemos fazê-lo pensar: "Aqui? Ali? Assim? Devagar? Rápido?". A vitória é certa quando o inimigo é pego em um ritmo que confunde seu espírito.

Em combate individual, podemos confundir o inimigo atacando com técnicas variadas quando surge a oportunidade. Finja um golpe, ou faça o inimigo pensar que você está indo perto dele, e quando ele estiver confuso, você poderá vencer facilmente.

Essa é a essência da luta, e você deve estudar isso profundamente.

OS TRÊS GRITOS

Os três gritos se dividem assim: antes, durante e depois. Grite de acordo com a situação. A voz é uma parte da vida. Gritamos contra incêndios, contra o vento, ondas e assim por diante. A voz mostra energia.

Na estratégia em grande escala, no início da batalha gritamos o mais alto possível. Durante a luta, a voz tem um timbre mais baixo; durante o ataque, outra vez forte. São estes os três gritos.

Em combate individual, fingimos um golpe e gritamos: "Ei!". Ao mesmo tempo, para perturbar o inimigo, acompanhando o grito e a perturbação do inimigo damos início ao golpe da espada longa. Nós gritamos depois que derrubarmos o inimigo, para anunciar a vitória. Isso é chamado de "*sen go no koe*" (voz de antes e depois). Nós não gritamos simultaneamente com o floreio da espada longa. Gritamos durante a luta para entrar no ritmo. Estude isso profundamente.

MISTURAR-SE

Nas batalhas, quando os exércitos estão em confronto, ataque os pontos fortes do inimigo e, quando você perceber que eles foram derrotados, separe suas forças e ataque mais um ponto forte na periferia da força inimiga. O espírito disso é como um caminho sinuoso na montanha.

Este é um importante método de luta para um homem contra muitos. Derrube os inimigos em um campo, ou faça-os recuar, então aproveite o momento e ataque mais pontos fortes para a direita e para a esquerda, como se estivesse em um caminho sinuoso na montanha, considerando a disposição dos inimigos. Quando você souber o nível dos inimigos, ataque fortemente, sem nenhum sinal de espírito de retirada.

Em combate individual, também, use esse espírito com os pontos fortes do inimigo. O que se entende por "mistura" é o espírito de avançar e se engajar com o inimigo, sem retroceder nem um passo. Você deve entender isso.

ESMAGAR

Esmagar o inimigo é destruí-lo conhecendo suas fraquezas. Na estratégia para batalhas em grande escala, é crucial identificar as fraquezas do inimigo, seja pela falta de homens, pelo espírito fraco ou pela desorganização, e atacá-lo com decisão, esmagando-o de uma vez por todas. Se o esmagarmos com fraqueza, ele poderá se recuperar. É importante entender o espírito do esmagamento, que é como um aperto de mão.

Já no combate individual, se o inimigo for menos habilidoso do que nós, tiver um ritmo desordenado ou tentar evadir-se ou se retirar, devemos esmagá-lo de imediato, sem respeito por sua presença e sem dar-lhe espaço para respirar. É fundamental esmagá-lo de uma vez por todas e não permitir que ele recupere qualquer posição, por menor que seja. Esse detalhe deve ser estudado com atenção.

A PASSAGEM DE MONTANHA A MAR

O espírito "Passagem de Montanha a Mar" significa que é um erro repetir a mesma técnica várias vezes ao enfrentar um inimigo. Talvez não haja alternativa quanto à repetição da mesma técnica uma ou duas vezes, mas não tente uma terceira vez. Se uma vez você fizer um ataque e falhar, há pouca chance de sucesso se você usar a mesma abordagem novamente. Se você tentar uma técnica que já tentou sem sucesso e falhar novamente, então você deve mudar seu método de ataque.

Se o inimigo pensa nas montanhas, ataque como o mar; e se ele pensa no mar, ataque como as montanhas. Você deve estudar isso profundamente.

PENETRAR AS PROFUNDEZAS

Quando estamos enfrentando um inimigo, mesmo que saibamos da possibilidade de vitória na superfície com o benefício do caminho, se o espírito dele não for aniquilado, ele poderá ser abatido superficialmente e ainda assim continuar invicto por dentro. Com o princípio de "penetrar as profundezas", podemos destruir o espírito do inimigo profundamente, desmoralizando-o pela transformação rápida do nosso espírito. Isso ocorre frequentemente.

"Penetrar as profundezas" significa penetrar com a espada longa, penetrar com o corpo, e penetrar com o espírito. Isso não pode ser entendido como uma generalização.

Uma vez que esmagamos o inimigo nas profundezas do seu espírito, não há necessidade de permanecer com espírito excitado. Mas, caso contrário, não devemos permitir que nosso espírito se dilua. Se o inimigo permanece espirituoso, é difícil para esmagá-lo. Você deve treinar para penetrar nas profundezas da estratégia em larga escala e também no combate individual.

RENOVAR

"Renovar" se aplica quando estamos lutando com o inimigo e surge um espírito emaranhado onde não há resolução possível. Devemos abandonar nossos esforços, pensar na situação em um novo espírito, em seguida, vencer no novo ritmo. Renovar, quando estamos num impasse com o inimigo, significa que sem mudar nossas circunstâncias, mudamos nosso espírito e vencemos através de uma técnica diferente.

É preciso pensar, ainda, de que maneira essa renovação se aplica à estratégia em grande escala. Estude isso com afinco.

CABEÇA DE RATO, PESCOÇO DE BOI

"Cabeça de rato e pescoço de boi" significa que, durante um confronto com um inimigo, se ambos estão preocupados com pequenos detalhes e perdidos em pensamentos confusos, é necessário recorrer ao Caminho da Estratégia, o qual pode ser tanto a cabeça de um rato quanto o pescoço de um boi. Quando estamos obcecados por detalhes insignificantes, devemos mudar nosso foco rapidamente para um pensamento mais amplo. Essa é uma das principais essências da estratégia, e o guerreiro deve manter esse espírito tanto na batalha quanto na vida cotidiana. Não devemos nos desviar do Caminho da Estratégia nem no combate em larga escala e nem no combate individual.

O COMANDANTE CONHECE A TROPA

"O comandante conhece a tropa" é uma técnica que se aplica a todos os aspectos do meu Caminho da Estratégia. Usando a sabedoria da estratégia, pense no inimigo como sua própria tropa. Quando você pensa desta forma, você saberá levá-lo para onde quiser e persegui-lo até o fim. Você se torna o general e o inimigo se transforma em sua tropa. Você deve dominar isso.

SOLTAR A ESPADA

Existem vários tipos de espírito envolvidos em soltar a espada. Existe o espírito de vencer sem espada. Há também o espírito de segurar a espada longa, mas não vencer. Os vários métodos não podem ser expressos por escrito. Você deve treinar bastante.

O CORPO DE UMA ROCHA

Quando você dominar o Caminho da Estratégia, você pode transformar seu corpo em uma rocha de um momento para o outro, e nem dez mil coisas poderão tocá-lo. Este é o corpo de uma rocha.

Tradição oral: "Ninguém o empurrará".

O que foi registrado acima é o que constantemente esteve em minha mente sobre a escola Ichi de esgrima, anotado conforme surgiu na minha consciência. Esta é a primeira vez que escrevo sobre a minha técnica e a ordem das coisas pode parecer um pouco confusa. É difícil expressar os ensinamentos com clareza. Este livro é um guia espiritual para o homem que deseja aprender o Caminho. Desde a minha juventude, meu coração tem se inclinado para o Caminho da Estratégia. Dediquei-me a treinar minha mão, educar meu corpo e alcançar as muitas posturas espirituais da esgrima. Homens de outras escolas que discutem teoria e se concentram apenas em técnicas manuais, embora pareçam hábeis, não têm o verdadeiro espírito. Embora esses homens pensem que estão treinando o corpo e o espírito, estão criando um obstáculo para o verdadeiro Caminho, e sua má influência permanece para sempre. Por isso, o verdadeiro Caminho da Estratégia está se tornando decadente e desaparecendo. A verdadeira arte da esgrima é derrotar o inimigo em uma luta, e nada além disso. Se você seguir a sabedoria da minha estratégia, não precisará ter dúvidas sobre a vitória.

O segundo ano de Shoho, quinto mês, décimo segundo dia (1645).
Teruo Magonojo
SHINMEN MUSASHI

Quais dos conceitos assimilados neste capítulo você consegue aplicar em suas batalhas do dia a dia? Anote-os aqui.

_____
_____
_____
_____
_____
_____
_____
_____
_____
_____
_____
_____
_____
_____
_____
_____

CAPÍTULO 4
O LIVRO DO VENTO

Em estratégia você deve conhecer os Caminhos de outras escolas, então escrevi sobre várias outras tradições de estratégia neste Livro do Vento.

Sem o conhecimento dos Caminhos de outras escolas, é difícil compreender a essência da minha escola *Ichi*. Olhando para outras escolas, encontramos algumas que se especializaram em técnicas de força usando espadas extralongas. Algumas escolas estudam o Caminho da espada curta, conhecida como *kodachi*. Algumas escolas ensinam uma grande diversidade de técnicas de espada, considerando postura da espada como "superfície" e do Caminho como "interior".

Nenhuma das escolas ensina o verdadeiro Caminho, como eu claramente mostro neste livro, abordando vícios, virtudes, acertos e erros. Minha escola Ichi é diferente. Outras escolas fazem das realizações seu meio de subsistência, cultivando flores e decorando artigos para vendê-los, e isso definitivamente não é o Caminho da Estratégia.

Alguns estrategistas se preocupam apenas com a esgrima, limitando seu treinamento ao manejo da espada longa e à postura do corpo. Mas será que apenas a destreza é suficiente para vencer? Essa não é a essência do Caminho.

Registrei ponto por ponto as insuficiências de outras escolas neste livro, e é necessário estudá-los intensamente para compreender o benefício da minha escola Ichi.

OUTRAS ESCOLAS QUE USAM A ESPADA EXTRALONGA

Algumas escolas gostam de espadas extralongas. Do ponto de vista da minha estratégia, estas devem ser vistas como escolas fracas. Isso porque não valorizam o princípio de golpear o inimigo com todos os meios disponíveis. A preferência deles é pela espada extralonga e, confiando na virtude de seu comprimento, eles pensam em derrotar o inimigo à distância.

Neste mundo, se diz: "Uma polegada dá vantagem à mão", mas essas são as palavras ociosas de quem não conhece estratégia. Mostra a estratégia inferior de um espírito fraco que os homens devem ser dependentes do comprimento de sua espada, lutando à distância sem o benefício da estratégia.

Acredito que algum motivo forte haverá para algumas escolas preferirem espada extralonga como parte de sua doutrina, mas se compararmos isso com a vida real, não é razoável. Será que seríamos derrotados se estivéssemos usando uma espada curta e não tivéssemos uma espada extralonga?

É difícil para essas pessoas golpear o inimigo de perto por causa do comprimento da espada extralonga. O caminho da lâmina é grande, então a espada se torna um estorvo, e eles ficam em desvantagem em comparação com o homem armado com uma espada curta companheira.

Desde os tempos antigos foi dito: "Grande e pequeno andam juntos." Então não rejeitem incondicionalmente as espadas extralongas. O que eu não gosto é a exigência do uso exclusivo da espada maior. Se considerarmos a estratégia em larga escala, podemos pensar em grandes forças em termos de espadas longas e pequenas forças em termos de espadas curtas. Poucos homens não podem lutar contra muitos?

Há muitos casos de poucos homens superando muitos. Sua estratégia não tem importância se, quando chamado para lutar em um espaço confinado, seu coração está inclinado para a espada de maior comprimento (seja longa ou extralonga), ou se você está em uma casa armado apenas com sua espada companheira. Além disso, alguns homens não têm a força de outros.

Na minha doutrina, não gosto de espírito preconcebido e estreito. Você deve estudar isso muito bem.

O ESPÍRITO FORTE DA ESPADA LONGA EM OUTRAS ESCOLAS

Não é necessário considerar a força da espada longa, pois o que importa é o espírito forte e determinado do espadachim. Tentar golpear com muita força pode resultar em um golpe ineficaz, enquanto testar a espada com força também é desaconselhável.

Sempre que você cruzar espadas com um inimigo, você não deve pensar em golpeá-lo forte ou fracamente; pense apenas em golpeá-lo e matá-lo. Sua única intenção é matar o inimigo.

Se você confiar na força, quando acertar a espada do inimigo, inevitavelmente acertará com força demais. Se você fizer isso, sua própria espada será levada junto com a dele. Assim o ditado "A mão mais forte vence", não tem significado.

Na estratégia de larga escala, se você tem um exército forte e confia na força para vencer, mas o inimigo também tem um exército forte, a batalha será feroz. É o mesmo para ambos os lados. Sem o princípio correto, a luta não pode ser vencida.

O espírito da estratégia é vencer por meio da sabedoria e não se deter em questões sem importância. Este é um ensinamento fundamental a ser estudado com atenção.

USO DA ESPADA LONGA MAIS CURTA EM OUTRAS ESCOLAS

Usar uma espada longa mais curta não é o verdadeiro Caminho para a vitória. Nos tempos antigos, *tachi* e *katana* significavam espadas longas e curtas, respectivamente. Homens com força superior podem empunhar até mesmo uma espada longa levemente, então não há razão para eles gostarem da espada curta. Eles também fazem uso do comprimento de lanças e alabardas. Alguns homens usam uma espada longa mais curta com a intenção de pular e esfaquear o inimigo no momento desprotegido quando ele gira sua espada. Essa inclinação é perigosa.

Esperar o momento de desproteção do inimigo é completamente defensivo e indesejável quando o combate se trava a curta distância. Além disso, você não pode usar o método de ingressar na guarda do inimigo com uma espada curta se houver muitos inimigos. Alguns homens pensam que se eles vão contra muitos inimigos com uma espada longa mais curta eles podem esgueirarem-se por entre as linhas adversárias brandindo a espada em movimentos largos sem encontrar qualquer obstrução, mas eles têm que aparar os cortes continuamente e, eventualmente, envolver-se com o inimigo. Isso é inconsistente com o verdadeiro Caminho da Estratégia.

Para vencer em situações como essa, o caminho seguro é confundir o inimigo, forçando-o a se desviar, enquanto se mantém firme. Essa estratégia também se aplica em grande escala, onde a essência é atacar o inimigo com grande número de soldados e derrotá-lo rapidamente. Com seus próprios estudos de estratégia, as pessoas se acostumaram a se defender, fugir e recuar, criando hábitos que podem ser facilmente aproveitados pelo inimigo. O Caminho da

Estratégia é direto e seguro, e requer que o inimigo seja colocado em fuga e obedeça ao seu espírito.

OUTRAS ESCOLAS COM MUITOS MÉTODOS DE USO DA ESPADA LONGA

Outras escolas podem enfatizar muitos métodos diferentes de manusear a espada longa, na esperança de impressionar os iniciantes e conquistar sua admiração. Agindo assim, você vende o Caminho. É uma vil mentalidade sobre Estratégia.

A razão para isso é que deliberar sobre muitas maneiras de abater um homem é um erro. Para começar, matar não é o Caminho da humanidade. Matar é a mesma coisa para as pessoas que sabem lutar e para aqueles que não sabem. É o mesmo para mulheres ou crianças, e não há muitos métodos diferentes. Podemos falar de diferentes táticas, como esfaquear e cortar, mas nada menos que estes.

De qualquer forma, derrubar o inimigo é o Caminho da Estratégia, e não há necessidade de muitos refinamentos.

Mesmo assim, de acordo com o local, sua espada longa pode estar obstruída acima ou dos lados, então você precisará segurar sua espada de tal maneira que ela possa ser usada. São cinco os métodos, em cinco direções.

Métodos outros que não este cinco — torção da mão, curvatura do corpo, salto e assim por diante — não representam o verdadeiro Caminho da Estratégia. Para cortar o inimigo você não deve fazer cortes torcidos ou dobrados. Isso é completamente inútil. Na minha estratégia, carrego meu espírito e corpo em linha reta, para fazer com que o inimigo se torça e se dobre. O espírito necessário é vencer atacando o inimigo quando seu espírito está distorcido. Você deve estudar isso bem.

USO DAS POSTURAS DA ESPADA LONGA EM OUTRAS ESCOLAS

Dar muita importância às posturas da espada longa é uma maneira equivocada de pensamento. O que é conhecido no mundo como "postura" se aplica quando não há inimigo. A razão é que esse tem sido um precedente desde os tempos antigos, que não deveria haver tal coisa como "Esta é a maneira moderna de fazer isso ou aquilo durante o duelo". Você deve forçar o inimigo a situações inconvenientes.

As posturas dizem respeito a situações nas quais você não pode ser deslocado. Ou seja, para guarnição de castelos, ordem de batalha e assim por diante, mostrando o espírito de não ser deslocado nem mesmo por um forte assalto. No Caminho do duelo, no entanto, você deve sempre ter a intenção de tomar a liderança e o ataque. Postura é o espírito de aguardar um ataque. Você deve entender isso.

Nos duelos de estratégia você deve mover a postura do oponente. Ataque quando o espírito dele estiver negligente, confunda-o, irrite-o e atemorize-o. Aproveite o ritmo do inimigo quando ele estiver instável e você poderá vencer.

Não gosto do espírito defensivo que se costuma rotular de "Postura". É por isso que no meu Caminho há uma coisa chamada "Postura sem Postura".

Na estratégia de grande escala, desdobramos nossas tropas para a batalha tendo em mente nossa força, observando os números do inimigo e observando os detalhes do campo de batalha. Isso acontece ao início da batalha.

O espírito de ataque é completamente diferente do espírito de ser atacado. Suportar bem um ataque, com uma postura forte e defender-se bem do ataque do inimigo, é como fazer um muro de lanças e alabardas. Quando você ataca o inimigo, seu espírito deve ir até o ponto de se arrancarem as estacas das paredes para usá-las como alabardas e lanças. Você deve examinar isso bem.

FIXAÇÃO DO OLHAR EM OUTRAS ESCOLAS

Algumas escolas sustentam que os olhos devem estar fixos na longa espada do inimigo. Algumas escolas fixam o olho nas mãos. Outras fixam os olhos no rosto, e algumas fixam os olhos nos pés, e assim por diante. Se você fixar os olhos nesses lugares, seu espírito pode ficar confuso, e sua estratégia frustrada.

Vou explicar esse aspecto em detalhes. Os jogadores de futebol não fixam os olhos na bola, mas através de uma boa estratégia de campo, conseguem desempenhar-se bem. Quando se está habituado a fazer algo, não é necessário limitar-se ao uso dos olhos. Os melhores músicos têm a partitura diante do nariz, por assim dizer. Para dominar o Caminho, os guerreiros manejam a espada com maestria, mas isso não significa que precisem fixar a atenção em pontos específicos ou realizar movimentos desnecessários com a espada. Isso significa apenas que aprenderam a ver naturalmente.

No Caminho da Estratégia, depois de lutar muitas vezes, você poderá facilmente avaliar a velocidade e a posição da espada do inimigo, e tendo domínio do Caminho você perceberá o peso de seu espírito. Na estratégia, fixar os olhos significa desvendar o coração do homem.

Na estratégia de larga escala, a área a ser observada é a força do inimigo. "Percepção" e "visão" são os dois métodos de ver. A percepção consiste em concentrar-se fortemente no espírito do inimigo, observando as condições do campo de batalha, fixando o olhar fortemente, vendo o andamento da luta e as alterações do combate. Esse é o caminho certo para ganhar.

No combate individual você não deve fixar os olhos nos detalhes. Como eu disse antes, se você corrigir seus olhos nos detalhes e negligenciar coisas importantes, seu espírito ficará confuso e a vitória escapará de você. Estude bem esse princípio e treine diligentemente.

USO DOS PÉS EM OUTRAS ESCOLAS

Existem vários métodos de uso dos pés: pé flutuante, pé saltador, pé calcado, pé do corvo e outros mais. Do ponto de vista da minha estratégia, todos são insatisfatórios.

Eu não gosto de pé flutuante porque os pés sempre tendem a flutuar durante a luta. O caminho deve ser trilhado com firmeza.

Também não gosto do pé saltador, porque estimula o hábito de saltar, e de um espírito agitado. Por mais que você pule, não há justificativa real para isso, então saltar é ruim. O pé saltitante causa um espírito saltitante que é indeciso.

O pé calcado é um método de "espera", razão pela qual não gosto dele. Além destes, existem vários métodos de caminhada rápida, como pé de corvo, e outros.

Às vezes, no entanto, você pode encontrar o inimigo em alagados, pântanos, vales de rios, terreno pedregoso ou estradas estreitas, em situações nas quais não poderá saltar nem movimentar os pés com rapidez.

Na minha estratégia, o trabalho dos pés não muda. Eu sempre ando como costumo fazer na rua. Você nunca deve perder o controle de seus pés. De acordo com o ritmo do inimigo, mova-se rápido ou devagar, ajustando seu corpo nem muito nem pouco.

A movimentação dos pés também é importante na estratégia de larga escala. Isso porque, se você atacar rapidamente, em conhecer o espírito do inimigo, seu espírito se esfacelará e você não terá como vencer. Ou, se você avançar muito devagar, você não vai conseguir tirar proveito da desordem do inimigo, a oportunidade de vencer escapará, e você não será capaz de terminar a luta rapidamente. Você deve vencer, aproveitando a desordem e perturbação do inimigo, e por não lhe dar nem mesmo uma pequena esperança de recuperação. Pratique bem isso.

A VELOCIDADE EM OUTRAS ESCOLAS

No verdadeiro Caminho da Estratégia, a velocidade não é relevante. A velocidade é uma ilusão que depende do ritmo das coisas. Um mestre da estratégia não parece ser rápido, independentemente do Caminho que siga.

Há pessoas que podem cobrir até 190 quilômetros em um dia, mas isso não significa que estejam correndo incessantemente, do dia até à noite. Corredores inexperientes podem dar a impressão de correr o dia todo, mas seu desempenho é inferior.

No Caminho da dança, artistas talentosos podem cantar enquanto dançam, mas quando os iniciantes tentam isso, eles diminuem a velocidade e seu espírito fica confuso. A melodia do *Velho Pinheiro*[32] tocada em um tambor de couro é tranquila, mas quando iniciantes tentam fazer o mesmo eles retardam o movimento e seu espírito se torna confuso. Pessoas muito habilidosas podem administrar um ritmo rápido, mas é ruim tocar apressadamente. Se você tentar tocar muito rápido, você perderá o ritmo. Claro, lentidão também é ruim. Pessoas realmente hábeis nunca perdem o ritmo, e são sempre deliberadas, e nunca parecem confusas. A partir desse exemplo, o princípio pode ser visto. O que é conhecido como velocidade é especialmente ruim no Caminho da Estratégia. A razão é que dependendo do local, campo ou pântano e assim por diante, talvez não seja possível movimentar o corpo e as pernas juntos e com rapidez. Muito menos será possível golpear com rapidez nessas circunstâncias se tiver uma espada longa nessa situação. Se você tentar golpear rapidamente, como se estivesse usando um leque ou uma espada curta, você não vai conseguir golpear. Você não deve esquecer isso.

Também na estratégia de grande escala, um espírito rápido e confuso é indesejável. O espírito deve ser esse de "segurar uma almofada", então você não estará nem um pouco atrasado.

Quando seu oponente está correndo de forma imprudente, você deve agir de forma contrária e manter a calma. Você não deve ser influenciado pelo oponente. Treine diligentemente para alcançar este espírito.

---

32 Velho Pinheiro: "KoMatsu Bushi", uma melodia antiga para flauta ou lira.

"INTERIOR" E "SUPERFÍCIE" EM OUTRAS ESCOLAS

Não há "interior" nem "superfície" na estratégia. As realizações artísticas geralmente reivindicam um significado interior, uma tradição secreta, e um "portal"[33], mas em combate não existe luta na superfície, ou golpe com o interior. Ao ensinar o meu Caminho, começo pelas técnicas que o aluno é capaz de entender facilmente, com uma doutrina mais acessível. Conforme o aluno progride, esforço-me para explicar princípios mais profundos, pontos de compreensão quase impossíveis no início. No entanto, o caminho da compreensão só pode ser percorrido por meio da experiência, falo de "interior" ou "portal".

Neste mundo, se você for para as montanhas e decidir ir cada vez mais fundo, em vez disso, você emergirá no portal. O que quer que seja o Caminho, tem um interior e às vezes é bom indicar o portão. Em estratégia, não podemos dizer o que é oculto e o que é revelado.

Assim, não gosto de transmitir meu Caminho por meio de promessas e regulamentos escritos. Percebendo a capacidade de meus alunos, ensino o Caminho direto, afasto a má influência de outras escolas, e gradualmente os introduzo no verdadeiro Caminho do Guerreiro.

Tentei registrar um esboço da estratégia de outras escolas nas nove seções acima. Eu poderia agora continuar dando

---

33   Um aluno matriculado em uma escola passaria pelo portão do Dojo.

um relato específico dessas escolas, uma por uma, a partir do "portal" para o "interior", mas intencionalmente não nomeei as escolas ou seus pontos principais.

A razão para isso é que diferentes ramos das escolas dão diferentes interpretações das doutrinas. Na medida em que as opiniões dos homens diferem, deve haver ideias diferentes sobre a mesma matéria. Por isso a concepção de homem algum é válida para representar uma escola.

Mostrei as tendências gerais de outras escolas em nove pontos. Se olharmos sob um ponto de vista honesto, vemos que as pessoas sempre tendem a gostar de espadas longas ou espadas curtas e se preocupam com a força em assuntos grandes e pequenos. Você perceberá, então, por que não me ocupo aqui dos "portais" das outras escolas.

Na minha escola Ichi da espada longa não há portal nem interior. Não há significado interno nas posturas da espada. Você deve simplesmente manter seu espírito fiel para perceber a virtude da estratégia.

Décimo segundo dia do quinto mês, o segundo ano de Shoho (1645)
Teruo Magonojo
SHINMEN MUSASHI

Quais dos conceitos assimilados neste capítulo você consegue aplicar em suas batalhas do dia a dia? Anote-os aqui.

Gravura que retrata Muso Gonnosuke Katsuyoshi, com quem Musashi teve um duelo. Muso foi um samurai do início do século XVII e o tradicional fundador da escola Koryu de jujutsu Koryu.

CAPÍTULO 5
O LIVRO DO VAZIO

O Caminho Ni To Ichi de estratégia está registrado neste Livro do Vazio. O que é chamado de espírito do vazio é onde não há nada. Não está incluído no conhecimento do homem. Obviamente que o vazio é o nada. Conhecendo as coisas que existem, você pode conhecer as que não existem. Esse é o vazio.

As pessoas neste mundo olham para as coisas erroneamente e pensam que o que não entendem deve ser o vazio. Este não é o verdadeiro vazio. É desorientação.

No Caminho da Estratégia, também, aqueles que estudam como guerreiros pensam que o que quer que eles não consigam entender em seu ofício é o vazio. Este não é o verdadeiro vazio.

Para alcançar o Caminho da Estratégia como guerreiro, você deve estudar completamente outras artes marciais e não se desviar nem um pouco do Caminho do Guerreiro. Com seu espírito estabelecido, acumule prática dia a dia e hora a hora. Dê polimento à mente e ao coração, e estimule a percepção e a visão do olhar duplo. Quando seu espírito não estiver nublado, quando as nuvens de perplexidade se dissipam, há o verdadeiro vazio.

Até que você perceba o verdadeiro Caminho, seja no budismo ou no senso comum, você pode achar que as coisas estão corretas e em ordem. No entanto, se olharmos para as coisas de forma objetiva, desde do ponto de vista das leis do mundo, vemos várias doutrinas que se afastam do verdadeiro Caminho.

Compreenda profundamente este espírito e baseie-se na franqueza, usando o verdadeiro espírito como seu guia. Adote a estratégia de maneira ampla, correta e aberta. Ao fazer isso, você começará a pensar em termos mais abrangentes e, considerando o vazio como o Caminho, verá o Caminho como vazio. É na ausência de algo que a virtude é encontrada, e não há mal ali presente. A sabedoria existe, o princípio existe, o Caminho existe, mas o espírito é nada.

Décimo segundo dia do quinto mês, segundo ano de Shoho (1645)

Teruo Magonojo
SHINMEN MUSASHI

Quais dos conceitos assimilados neste capítulo você consegue aplicar em suas batalhas do dia a dia? Anote-os aqui.

_____

_____

_____

_____

_____

**ENCONTRE MAIS
LIVROS COMO ESTE**

Camelot
EDITORA

CamelotEditora